Cameroun: 50 Ans D'Indépendance, 20 Millions De Corrompus

– JEAN ROBERT MBANÉ

FASTPRINT PUBLISHING
PETERBOROUGH, ENGLAND

www.fast-print.net/store.php

Cameroun: 50 Ans D'Indépendance,
20 Millions De Corrompus

ISBN 978-184426-919-8

First published 2010 by
FASTPRINT PUBLISHING
Peterborough, England.

An environmentally friendly book printed and bound in England by
www.printondemand-worldwide.com

This book is made entirely of chain-of-custody materials

Dédicace

Je dédie ce livre au combattant inconnu.
Retients que la nuit peut être longue, mais le soleil finira par se lever.

Remerciements
Je remercie toute ma famille, tous mes amis et connaissances pour le soutien qu'ils ne cessent de m'apporter tous les jours.

Avant propos.

La célébration des cinquante ans d'indépendance du cameroun a donné l'occasion aux uns et aux autres de faire le bilan du chemin parcouru. Cette occasion a aussi essentiellement servi de prétexte à nous tous de jeter un regard froid sur la raison de notre présence dans le triangle national depuis un demi siècle. Il va sans dire que dans cet éxercice, chacun y va de sa chapelle, des ses ambitions et objectifs, de ses aspirations en essayant plus ou moins de biaiser, d'édulcorer, de farder ou d'enjoliver la vérite.

Mais, au vrai, quel changement fondamental, certains diront plus tôt épistémologique, le camerounais a connu en cinquante ans? la satisfaction des besoins de premières nécessités reste encore pour beaucoup un luxe ; comme avant 1960, les camerounais meurent encore de paludisme, des maladies liées à l'eau (thyphoide, diahrrée, dysanterie, choléra), les femmes meurent encore en couche. Le camerounais se confie plus au charlantant, marabout, sorcier ou autre prestigidateur et clowns de tout genre pour trouver la solution à ces difficultés existentielles. Tout montre à croire que l'augmentation du nombre d'établissements scolaires et de formation professionnelles n'ont pas reculé les limites de l'ignorance du camerounais d'un iota. Dans le meme temps, L'instinct de survie a développé chez tous un sens de la débrouillardise et d'adaptation qui divise le cameroun principalement en deux ethnies : l'ethnie des corrupteurs et l'ethnie des corrompus.

Qu'il vienne du Nord, du Sud, de l'Est ou de l'Ouest, chaque camerounais peut sans nul doute dire à quelle ethnie il appartient. Plus besoin de redouter les difficultés de la langue, plus besoins d'essayer de comprendre les traits culturels de l'autre, c'est vraiment l'unité nationale en marche.

Cinquante années d'indépendance ont produit au jour d'aujourd'hui vingt millions de corrompus et chacun de nous peut confesser ce qu'il a donné comme « Gombo,

Makalapatis, Tchoko, passe droit, pots de vin, etc... » la derniere fois pour passer le barrage de police, attirer l'attention du gendarme sur le cas d'agression dont il a ete victime, pour inscrire son enfant à l'école, pour retirer son colis de la poste ou de la douane, pour obtenir une place assise dans le train ou dans le car de transport en commun, pour obtenir l'attention du médecin, de l'infirmière, de l'aide soignante et meme du morguier ; chaque camerounais peut confesser ce qu'il a donner pour signer la copie d'acte de naissance de son fils, pour inviter le pasteur ou le pretre a dire la messe des funérailles de son parent ; pour inviter l'iman a dire une prière special au baptème de ses enfants ou autres ceremonies familiales.

Ne demandez surtout pas aux jeunes désoeuvres et oisifs qui trainent le long des rues de Douala ou de Yaoundé, de se joindre à vous dans un acte volontaire pour libérer les égouts bouchés qui stagnent l'eau usées et constituent le lit des moustiques. Ils vous démanderont le <<Tchoko>>, ils vous exigerons la « Bierre ». Ne suggérer pas non plus à ces fonctionnaires insollemment riches de contribuer spécialement à éclairer une rue sombre du quartier, d'ouvrir un espace de jeu et de distraction éducative pour les jeunes du quartier. Ils crieront au crime de lèse majesté.

Après cinquante ans, les camerounais se sont peut etre libérés du joug de la colonisation avec son cortège de brimades, d'humiliations, de bastonnades, de dénigrements, et de spoliation pour se renfermer dans le masque opaque et imperméable de la corruption. Ils se ressemblent tous de manière extraordinaire. Pour de l'argent, tous se vend ; avec de l'argent, tu peux acheter tous ; la notabilité, la foi à l'église, le poste au ministère ou meme à la présidence de la république. Vous vous servirez à la table du prince si vous avez de l'argent pour corrompre ses gardes, ses représentants de la base au sommet. Ils viendront tous lachement se prosterner à vos pieds si vous leur faites trébucher quelques pieces d'argent. Ils ne demanderont pas votre origine, d'ailleurs que votre origine, votre ethie est tres bien connus, c'est celui de corrupteur quand c'est vous qui voulez un service, ou de corrompu quand c'est vous qui rendez un service.

Tout se passe à tel point qu'il est difficile d'établir la différence entre un acte de détournement de bien et un acte de corruption.

Ne pas parlez ni d'humanisme, ni d'éthique, ni de civisme au camerounais d'aujourd'hui. Cela n'est pas son apannage.

Le haut niveau de **corruption au Cameroun** reste une spécificité du pays. Malgré les pressions internationales et de nombreux plans ou lois de lutte contre la corruption, la pratique reste une constante de la vie de tous les jours au Cameroun.

Origine historique de la corruption au Cameroun

Époque précoloniale

Les royaumes du bassin tchadien, lorsqu'ils n'étaient pas en guerre, usaient généralement de la diplomatie du « cadeau » pour l'éviter. Des cadeaux utiles sont en effet nécessaires pour temporiser un État plus fort agressif et promouvoir les relations de bon voisinage. Les plus petits États « achètent » alors la clémence de leur grand voisin.
De même, le visiteur offrira un cadeau au souverain qu'il visitera, et en retour, celui-ci fera preuve d'hospitalité envers ce visiteur. Ce dernier repartira avec des cadeaux pour son roi, signe des bonnes relations entre les deux royaumes. Le cadeau est alors un usage diplomatique de la région.
Au sein d'un même royaume, il est aussi d'usage qu'il existe des échanges de cadeaux entre vassaux et suzerains. Le don au suzerain est alors le tribut du vassal (en plus de l'impots), symbole de sa soumission et de son allégeance mais, à l'occasion de fêtes religieuses par exemple, le suzerain offrira aussi des cadeaux à ses vassaux.
Les premiers explorateurs européens de l'Afrique connaissent ces pratiques grâce aux récits de voyageurs les ayant précédé. Ils feront usage de cadeaux afin de pouvoir accéder aux sultans et gagner les autorisations de visiter la région. Néanmoins, avec les explorateurs européens, le cadeau perd sa symbolique diplomatique pour ne devenir qu'un simple droit de passage, voire de pot-de-vin lorsqu'il s'agit de convaincre un premier ministre d'arranger une entrevue avec son sultan.

Époque coloniale

La colonisation allemande met fin aux pratiques esclavagistes (razzias), privant ainsi les aristocraties locales de la part substantielle de leurs revenus provenant du trafic d'esclaves. Par la suite, la mise en place d'une administration coloniale remet en cause la légitimité des impôts prélevés par certains chefs traditionnels sur leur population. Nombre de chefferies s'appauvrissent et ne peuvent pourvoir à l'entretien de leur cour.

Néanmoins, dans l'administration coloniale, les chefs traditionnels sont la courroie de transmission entre le pouvoir colonial et la population. Pour se concilier les bonnes grâces de ceux-ci, l'administration allemande leur offre des présents en de nombreuses occasions et leur permet de garder une partie de l'impôt colonial, contrepartie de leur loyauté. Ces chefs, confortés par les colonisateurs, ont à nouveau un pouvoir. Les populations leurs versent alors de nouveau des tributs et des cadeaux pour se concilier leurs faveurs. Les chefferies sont alors entièrement dépendantes des cadeaux (de la population ou du colonisateur) pour leur fonctionnement.

Le passage du pouvoir colonial allemand au pouvoir colonial français ne changera pas fondamentalement le mode d'administration du Cameroun.

L'indépendance

Lors de l'indépendance du Cameroun (1960), le président Ahidjo s'appuiera sur les chefs traditionnels pour assoir son autorité. Les chefs gagnent alors un certain nombre de pouvoirs, qu'ils commencent à monnayer (on donne alors la « cola » pour pouvoir, par exemple, minimiser la taille d'un cheptel et échapper à l'impôt).

Le chef s'appuyant sur les « notables » de son village qui le nomment, de nombreux prétendants au statut de notable

cherchent à obtenir une audience. Pour traverser les antichambres qui mènent au chef, il faut, comme le veut la coutume, faire des présents dont la valeur augmente à mesure qu'on se rapproche du chef. La qualité du cadeau marquant le degré de considération qu'on octroie à son destinataire.
De la même manière, l'élite scolaire du Cameroun cherchera à obtenir auprès des dirigeants le même genre de faveur pour accéder aux postes clefs de l'État.
Par ailleurs, dans la justice coutumière, il était nécessaire et traditionnel de faire des cadeaux au chef et aux auxiliaires de justice afin de s'assurer la bienveillance de chacun.
Jusqu'en 1977, les chefs seront aux postes clefs du parti présidentiel et maîtriseront la machine administrative. Par la suite, peu à peu, des fonctionnaires leur succéderont, reprenant leurs fonctions administratives et les « avantages » liés à cette fonction.

La corruption de nos jours

Les Camerounais et leur presse parlent souvent du Cameroun comme des « double champions du monde de la corruption »
Le classement de l'organisation Transparency international a signalé par deux fois ce pays comme ayant le plus grand indice perceptible de corruption4. Il s'agit d'un indice de perception, recueilli auprès des populations concernées.
Elle possède plusieurs noms : Gombo, bière, taxi, carburant, tchoko, motivation …
À tous les niveaux de l'Etat, les fonctionnaires seraient corruptibles. En effet, les fonctionnaires, pour obtenir leur poste ou être mutés, doivent être « parrainés » ou « aidés » et ce, souvent, dès l'ENAM. Le « parrain » attend ensuite de la part du fonctionnaire une reconnaissance qui n'est pas seulement verbale. Ce genre de pratique aurait aussi lieu au plus haut niveau de l'état d'après The African Independent.

Cette "motivation" peut servir à obtenir un passe droit, mais en général, elle sert à obtenir un simple droit (on parle aussi, dans ce cas de « parafiscalite »).

Exemples issus de la vie courante :

- Contrôles de police: La corruption des officiers de police (appelés de façon populaire: mange mille) oblige parfois les conducteurs à payer un pot-de-vin lors du contrôle de leur véhicule.
- Le Cameroon tribune fait état du mécontentement rencontrés par certains clients, obligés de payer une commission illégale pour obtenir l'argent de leurs comptes d'épargne.
- Contrôles fiscaux: Des remises sont prévues, après entretien privé avec le ministre de finances.

  Ainsi, le Camerounais doit souvent remettre des pots-de-vin à des fonctionnaires dont les salaires ne peuvent suffire à les faire vivre décemment. Ainsi, en 2005, d'après Transparancy international, chaque ménage camerounais aurait dépensé environ 102.500Franc cfa (156 euros) en moyenne et cela représenterait de un tiers à un cinquième des revenus des ménages les moins aisés.

Coût de la corruption

Selon Christol Georges Manon, président de l'Observatoire de lutte contre la corruption au Cameroun, 40% des recettes enregistrées chaque année ne servent pas le développement pour cause de corruption.
Selon Samuel Ekoum, président de l'ONG camerounaise SOS corruption, l'État du Cameroun perd en moyenne par an 400 milliards de francs CFA à cause de la corruption.

Dans le secteur forestier

Selon une enquête menée par Greenpeace, Forest Monitor et le Centre pour l'environnement et le développement (Ced), l'État perdrait en moyenne 100 milliards de francs CFA chaque année dans le secteur forestier, du fait de l'exploitation illégale (60 milliard pour Global Witness). Toutefois, ce montant ne fait pas la part entre le coût dû à la corruption et celui dû à la fraude classique.

Les ONG soulignent notamment que, bien que la loi le leur interdise, des hauts fonctionnaires camerounais (notamment des généraux de l'armée) exploite des forêts via des prête-noms.

De plus, selon Patrice Bigombé Logo, professeur d'université et directeur le l'ONG "Centre de recherche et d'action pour le développement durable en Afrique centrale", à peine 20% des impôts versés par les compagnies forestières aux communes est investi dans le développement local. Le reste serait utilisé pour alimenter les réseaux ou le profit personnel des élites locales.

Selon Transparency international, il existe 3 sources principales de corruption dans la forêt camerounaise : l'exploitation forestière illégale, l'exploitation forestière anarchique et les coupes et sciages traditionnels.

Selon les ONG CED etGlobal Witness, « le secteur forestier du Cameroun est plus que jamais mis à contribution dans l'entreprise d'accumulation privée de nombreux détenteurs d'une parcelle de pouvoir dans le pays ».

Certains forestiers se plaignent de mesures de rétorsion de la part de l'administration s'ils refusent le système de corruption mis en place. En effet, les entreprises acceptant le système de corruption peuvent exploiter leurs forêts en payant moins d'impôts, alors que celles qui le refusent font l'objet de mesure de rétorsion (impositions fantaisistes, blocage des exportations, zèle administratif).

Selon un rapport publié par l'ONG Les amis de la terre et rédigé par un ancien forestier européen le système de corruption est généralisé. A tel point que, selon ce forestier, « même ceux qui voudraient faire les choses honnêtement ne le peuvent
pas »

Secteurs les plus corrompus

Dans l'enquête du Baromètre mondial de la corruption 2003 (Transparency International), en réponse à la question "si vous pouviez éliminer la corruption au sein d'une des institutions suivantes quel serait votre premier choix ?" :

- 31% : système judiciaire
- 14% : la police

  Dans le baromètre 20041, les secteurs les plus corrompus au Cameroun seraient :
- les douanes
- la police

  Selon l'ONG camerounaise Sos corruption, les administrations les plus corrompues en 2004 seraient:
- 1er ex æquo : impôts - Douane - Comptabilité matière
- 4e : Travaux publics
- 5e : Forêts
- 6e : Police et gendarmerie
- 7e : Industrie et commerce
- 8e : Education nationale
- 9e : transport
- 10e : Fonction publique
- 11e : Santé
- 12e : Administration territoriale
- 13e : Justice
- 14e : Domaines et affaires foncières
- 15e : Poste et télécommunication
- 16e : Travail et prévoyance sociale
- 17e : Minagri

• 18e : Enseignement supérieur

Au sein du gouvernement et de l'administration

Gouvernement

De nombreuses rumeurs font état de la « mise en vente » des postes ministériels et des directions d'entreprises publiques par la présidence.
Ainsi, d'après le journal "The African Independent", l'ancien directeur des impôts, Polycarpe Abah Abah, aurait acheté son poste de ministre des finances pour 3 milliards de francs CFA .

Administration fiscale

Au sein de l'administration des impôts et du trésor, les détenteurs d'une créance sur l'État aurait l'obligation de verser une partie de celle-ci aux différents fonctionnaires afin de percevoir leur du.

Lutte contre la corruption

Les pouvoirs publics

De loin en loin (à chaque parution du classement de Transparancy international), le gouvernement fait paraître quelques communiqués anti-corruption, effectue quelques arrestations dans le cadre de l'0peration epervier qui n'ont que peu d'effets sensibles à long terme, faute de suivi et de volonté réelle.
Cette corruption est en voie de contaminer le secteur privée, puisque de plus en plus, il faut motiver le caissier pour obtenir son salaire ou son règlement. Et un courrier non suivi peut se perdre facilement.
Les populations sont conscientes qu'un tel phénomène est contre-productif, mais la corruption est tellement entrée dans les mœurs qu'on ne sait plus par où commencer.
Une cellule interministérielle de lutte contre la corruption a été créée. La presse a révélé que des personnes qui y avaient rapporté des faits avaient reçu des menaces. De même, un observatoire de lutte contre la corruption a été créé, même s'il n'a pas la faculté de poursuivre les cas de corruption.
Le 18 mai 2004, le Cameroun a ratifié la Convention des Nations unies sur la corruption. En 2005, le gouvernement a par ailleurs décidé d'adhérer à l'initiative de transparence dans le secteur des industries d'extraction (EITI) et devrait publier les chiffres des revenus de l'exploitation pétrolière (géré par la Société nationale des hydrocarbures, qui dépend de la présidence).

L'Église catholique

AuCameroun, l'église catholique dénonce régulièrement la corruption. En effet, dès1977, les éveques de la province ecclésiastique de Bamenda ont publié une première lettre dénonçant la corruption. Elle sera suivi, en 1980, par une lettre des évêques de la province ecclésiastique de Garoua, puis en 1990 par une lettre de tous les évêques du Cameroun.
L'Église a mis en place dans ces 26 diocèses une commission "justice et paix" pour aider à lutter contre ce fléau.

Les ONG

Quelques reactions internationale faces a ce phenome de corruption-detournement des fonds publics qui annulent tout effort de developpement au cameroun

États-Unis d'Amérique

L'ambassadeur des Etats Unis, Niels Marquardt a dénoncé publiquement la corruption sévissant au Cameroun, dans une déclaration du 20 janvier 2006 rapportée parMutations : « Les actes de corruption sont devenus si communs et si banals que certains observateurs se demandent si le sens du mot corruption a une connotation différente au Cameroun ».
Selon certains journaux et medias, l'ambassadeur des États-Unis au Cameroun, Niels Marquardt, a transmis au prince de Mvogmeka en 2006, une liste de 58 très hauts personnages de l'État dont les fortunes ne pouvaient être expliquées par leurs revenus officiels.
Quatre arrestations suivront la remise de cette liste, dont un (l'ancien directeur de la Crtv) sera remis en liberté quelques jours plus tard.
Paul Biya a par la suite pris la peine, au cours d'un discours, de rappeler la souveraineté du cameroun sur ces questions.

Il ne faut pas toujours voir aux politiciens la source des maux du continent africain. C'est le point de vue ci-dessous, qui jette la pierre aux intellectuels qui ont aussi leur responsabilité dans la situation peu enviable du continent africain.

L'expression "vie chère" au début apparaissait comme dépourvue de sens avant d'atteindre sa vitesse de croisière dont la lisibilité s'est exprimée à travers ces manifestations un peu partout en Afrique. C'est dire que les enjeux du phénomène dans toutes les dimensions intéressent l'ensemble des acteurs au développement quant au solutionnement de ces épineuses questions africaines. Surtout au regard des analyses, commentaires et autres débats, visiblement, la chose la plus fondamentale, la question de toujours qui mérite d'être au centre de ces enjeux, a été occultée : quel est le rôle des intellectuels africains dans cette situation ? En remontant (ou redescendant plus loin), ne faut-il pas se poser cette question l'intelligentsia africaine n'est-elle pas la première responsable et coupable de cette épouvantable misère ?

Ce faisant, derrière l'anachronisme comportemental des élites africaines et à la lumière de la "vie chère", la classe intellectuelle n'a-t-elle pas signé son testament – négativement ? L'opportunité d'éclairer les Africains nous est offerte humblement ici, avec un exemple frappant qui aurait pu répondre à nos attentes sur " la vie chère" concernant le domaine des hydrocarbures. Ce n'est un secret pour personne que les revendications ici et là font toujours cas de la cherté des prix des hydrocarbures, entre autres. Or, voici que des solutions typiquement africaines s'offrent à nous pour au moins baisser les prix. C'est l'exemple du jatropha. Partant donc de cet exemple, nous voulons jeter une lumière crue sur le comportement des Africains quant à la résolution de leurs problèmes par et pour eux- mêmes.

Depuis quelque temps en effet, on sait que grâce au jatropha, un substitut des hydrocarbures pourrait prendre son envol.

Notamment, l'essence pourrait être remplacée dans les moteurs… Belle et intéressante découverte. Et déjà, deux pays donnent le parfait exemple de la possibilité de substituer l'essence à cet autre "carburant végétal". Nous en voulons pour preuve le fait qu'on utilise dans ces deux pays à une échelle raisonnable cette plante. Sûrement que bien des familles pourraient y trouver leur compte, en attendant de voir si, à grande échelle, les agriculteurs qui s'y adonnent seront payés en monnaie de singe comme pour les cultures de l'or blanc (coton), du cacao, etc.

Des savants dans l'omerta de l'anonymat

Si donc la plante est adaptable à la réalité africaine, l'important pour nous en redisant qu'en l'extrayant on a aussi un substitut à l'essence est d'attirer l'attention sur un fait particulier. Un chercheur burkinabè n'a –t-il pas consacré ses travaux à cette possibilité ? Justement, en lançant les activités de la culture du jatropha, on aurait pu tresser à ce savant burkinabè tous les lauriers, voire essayer, à l'échelle continentale et internationale, de présenter sa candidature pour des prix et autres récompenses. N'est-ce donc pas, encore une fois, une si belle occasion ratée de valoriser un génie africain ?

En n'accordant pas toute l'importance qu'il faut à nos hommes de savoir, nous amenons les Africains à ignorer nos résultats de recherches et surtout à ne pas avoir confiance en nous-mêmes quant à nos propres découvertes et inventions. Autrement, le lieu (et le solutionnement) entre la vie chère et la baisse des prix des hydrocarbures provenant du substitut de l'essence serait fait. A notre connaissance, ce spécialiste burkinabè du jatropha n'a pas été suffisamment invité à donner à travers conférences et autres débats ses avis. On touche ici le triste visage qu'offre le continent noir à ses porteurs d'idées. A tout jamais, il faudrait d'ailleurs que les savants africains soient capables de crier à haute et intelligible voix qu'ils font des découvertes importantes et revendiquent un statut honorable quant à leur traitement. Ne serait-ce que le traitement du regard. Pour rester toujours dans le domaine agricole et faisant le lien avec la vie chère qui ne sait pas que des recherches faites par des Africains ont permis d'adapter aux conditions climatiques (résistance) en même temps que d'apporter un meilleur rendement des variétés nouvelles de mil, de maïs, de riz, etc. Combien d'intellectuels africains d'ailleurs s'intéressent –ils aux activités agricoles en y investissant réellement ?

C'est ici que l'importance de la vulgarisation et de la sensibilisation (en matière de découvertes) doit être accrue. Hélas, en effet, on ne le dira jamais assez, le rôle fondamental de l'intellectuel est de sensibiliser en utilisant toutes les voies, les relais possibles sur les recherches et découvertes de son intelligentsia. Dommage, apparemment, le déficit de confiance est profond. Autrement , si on ajustait à leur juste valeur les découvertes de nos savants, la vie chère telle qu'elle s'offre à nous aujourd'hui serait atténuée. Malheureusement, les savants africains sont dans l'omerta de l'anonymat. Pire, de par eux-mêmes, leur silence intrigue. Grâce à ces importantes découvertes, en faisant un parallèle avec la révolution verte en Asie, on pourrait dire que les intellectuels africains sont aux antipodes de l'évolution de par leur faute. Exemple : quand on écoute certaines chaînes internationales, on se rend compte qu'on accorde des tranches quotidiennes ou hebdomadaires aux activités économiques, culturelles, etc. africaines ; quant aux découvertes et inventions africaines, c'est le néant ! En la matière, c'est le paysage dégueulasse des aumônes et aumôniers intellectuels et des incantations (d'illusions) intellectuelles.

Une chose est très frappante, voire curieuse. Dans tous les domaines - sauf dans le domaine scientifique - on peut mettre des noms sur des visages annuellement. En sport, une fois par an nous avons l'élection du meilleur footballeur africain. Des initiatives africaines louables. En musique, les

Kora distribuent des prix très enviables désormais et la retransmission de plusieurs médias prouve le succès assuré. Selon d'ailleurs la publicité sur une radio, on parle d'un prix d'un million de dollars. Même les cérémonies de miss connaissent un succès. Au point que des organisations sous-régionales en distinguent une, faisant d'elle une ambassadrice pour des causes utiles. Du reste , médiatiquement, à l'occasion des sommets, la miss a la possibilité de s'exprimer devant un parterre de chefs d'Etat et d'autres Excellences. Combien de sportifs et musiciens africains portent-ils le drapeau d'ambassadeurs de bonnes causes pour des organisations internationales et autres ? Avec la biennale du FESPACO, qui connaît un succès et une aura enviable, les cinéastes peuvent aussi brandir des trophées et récompenses. Combien de cinéastes ont profité des retombées médiatiques du FESPACO ?

S'inspirer de l'exemple des sportifs

Des savants africains, aucune symbolique forte. Pourtant, l'exemple du spécialiste burkinabè du jatropha nous fait redire qu'il n'y a pas de carence scientifique en Afrique. Ce qu'il y a, ce sont des ombres de paradoxes propres à nous, Africains. Observez bien que la moyenne d'âge des miss et autres sportifs est de vingt-cinq ans. Tout le monde sait que nos universités ont au minimum cet âge. Et que, bien avant l'implantation des universités africaines, nos élites ont étudié ailleurs. C'est dire que le potentiel scientifique existe depuis la génération des Ki- Zerbo. S'il y a à peine un quart de siècle le phénomène du sport et des miss ne connaissait pas toute cette réussite médiatique, ne faut-il pas réellement essayer de savoir ce qui se passe au niveau de l'intelligentsia africaine ? Au fait, que fait donc la communauté scientifique africaine pour valoriser ses savants ? Par exemple, si on peut dire qui est miss Gabon, ou meilleur joueur béninois, peut-on nous dire qui est le meilleur mathématicien burkinabè (ou même africain ?), qui est le meilleur généticien sud-africain ? etc. Que donc, sportifs, ambassadeurs de bonnes causes, miss remplissent ou pas leurs missions, qu'au moins la symbolique médiatique joue son effet ; et cette visibilité apporte une confiance (méritoire du reste). Cet exemple, les savants devraient s'en inspirer. L'Asie a réussi son pari parce qu'elle a fait de l'équation éducation = développement d'un enjeu prioritaire. Alors qu'en Afrique, nous entendons des personnes se plaindre en disant que quand les bailleurs s'en vont, les projets deviennent un tonneau vide mais percé depuis. Et nous voici avec ces projets infinis, inutiles à la fin. Pour paraphraser le titre d'une émission de radio, voici notre question : dis donc, on est où là ? Réponse : on est en Afrique. Sachons -le alors, la générosité intellectuelle n'existe pas car c'est le leurre d'une lumière sur du beurre au (en plein) soleil. Quand bien même il manque une pluie d'hommages intellectuels à nos savants, nous appelons de nos vœux une pluviométrie intellectuelle positive.

La situation dans laquelle est plongée la communauté scientifique africaine relève d'un anachronisme totalement dépassé. Peut-on vraiment comprendre qu'en si peu d'années certains secteurs d'activités puissent mettre un nom sur des visages alors que cela est invisible chez les savants africains ? Pourquoi peut-on désigner le meilleur entrepreneur ou manager africain ? Toutes une série d'initiatives louables ont été prises permettant cette valorisation. Traduisant aussi et surtout une relation de confiance. L'interface entre le savant (sa production) et le peuple (consommateur) est réduit à zéro. L'Afrique ne doit pas être le cimetière des savants africains ; elle doit être l'abreuvoir lumineux de nos merveilles scientifiques.

Si, au regard des découvertes positives faites par des Africains, on pouvait apporter une confiance aux travaux de nos chercheurs sur bien des points et sujets, l'Afrique ne souffrirait pas véritablement. En premier, les savants africains devraient offrir plus de visibilité et de combativité. Aujourd'hui, par exemple, qu'un Africain fasse à l'échelle planétaire une découverte importante, qui lui accordera crédit ? Parce qu'il est impossible de mettre un nom, fût-il un seul sur un savant africain. Souvent même, utiliser le mot savant semble relever d'une gymnastique intellectuelle.

Qu'on le veuille ou non, c'est avec et grâce à nos savants que l'évolution du continent noir se fera ou, dans le pire des cas, ne se fera pas. Nous avons voulu jouer notre partition en soulignant combien et comment des découvertes africaines pourraient solutionner certaines de nos questions quotidiennes en s'adressant à un plus large public possible. Toute la problématique du développement africain est là. A chacun (e) de prendre et d'assumer ses responsabilités intellectuelles pour le bien du continent noir. Si nous voulons justement que l'Afrique évolue positivement aujourd'hui , plus que jamais, commençons à demander des comptes à l'intelligentsia africaine. Tout comme nous le faisons pour nos politiciens. Celle-ci a prioritairement et avant les politiciens une obligation de résultats. Son échec, c'est aussi celui des politiciens, fatalement. Nous avons cette drôle de façon de passer tout le temps à accuser les politiciens d'être responsables de nos maux. Autant que faire ce peut et le plus que possible, ils ont leur responsabilité. La spécificité africaine, c'est de ne jamais évoquer le rôle de l'intelligentsia dans nos propres faillites. Nous pensons que ce sont là véritablement des comportements suicidaires qui, d'ailleurs, signent - par défaut-nos testaments négatifs que nous risquons de léguer. Le véritable débat devrait intéresser la thématique capitulation des intellectuels face à l'avenir.

Autre exemple significatif en Afrique, au plan médical, nous avons de bons spécialistes de certaines maladies à endiguer. Pourquoi ces savants (médicaux) ne sont-ils pas faits ambassadeurs de bonnes causes médicales ? Domaine dans lequel ils donnent par ailleurs le meilleur d'eux-mêmes.

Trouvons les voies et moyens pour donner plus de visibilité et une rentabilité accrue aux efforts de nos savants, quelle que soit leur spécialité. Autrement, c'est l'Afrique qui en sort perdante.
Entre nous intellectuels africains, ils nous manque surtout le dialogue humanitaire intellectuel qui permettra de sauver le continent noir en modernisant nos idées.

Tous les défis sont là, à vaincre.

Au XXIe siècle, l'humanitaire intellectuel des (et par) Africains est une grande chance pour le développement et l'évolution du continent noir. Vivement un engagement des intellectuels africains dans la résolution des maux profonds qui minent le continent. L'intelligentsia africaine doit impérativement soulager les peuples en difficulté et en souffrance. Il y va de leur mission capitale. Mais où est le miroir de l'élite dans ces situations accrues.
La raison en prison

Avec la plupart de ses barons pris et emprisonnés par une opération épervier dont l'initiateur est à la fois juge et partie, le Renouveau National souffre de plus en plus de schizophrénie et semble entendre des voix comme Jeanne-D'Arc. D'un côté, il confirme sur le terrain son caractère brutal et intrinsèquement machiavélique en réprimant dans le sang toute velléité de contestation. De l'autre, il rêve de moralisation des comportements et d'apaisement des rancoeurs après plus d'un quart de siècle de promotion tant d'un esprit vénal dans la gestion de la chose publique, que d'une dépréciation des « valeurs-repères » d'une société comme le travail et la justice sociale.
Cette schizophrénie qui touche le régime en place est doublée d'une hémiplégie qui frappe à la fois ses adeptes locaux et extranationaux. Sur le plan local, les soutiens artificiels et instinctifs des ultraRDPCistes du Centre et du

Sud du Cameroun, cachent très mal une zone camerounaise déchirée par un conflit interne entre ceux qui ont toujours les faveurs du prince, et ceux dont les fils, hier engraissés par le système, sont désormais emprisonnés pour avoir fait preuve de trop d'appétit au grand banquet national des ressources de la république. A l'extérieur du Cameroun, c'est un RDPC en respiration financièrement assistée qui maintient l'illusion d'une bonne image du président. Ses sections extranationales n'agissent désormais plus que sous perfusion des millions de Fcfa transférés par la maison mère nationale. Ces transferts d'argent Sud-Nord ont pour but de doper la mobilisation des militants face à une diaspora dont une frange, à juste titre, demande des comptes à celui qui dirige le pays sans succès depuis 1982.

La nécessité de produits dopants de la part du renouveau national pour tenir la route

Ce n'est pas surprenant car schizophrène et hémiplégique, le Renouveau National a besoin de produits dopants pour tenir la route afin que le cœur du système tienne jusqu'en 2011. Mais sans substance politique réelle et crédible, c'est le bricolage politique qui gagne le terrain et s'érige en exercice du pouvoir. Ce bricolage politique consiste à faire ce qu'on peut faire tant qu'on peut le faire pour occuper le champ politique et faire semblant qu'on propose encore quelque chose de crédible au pays. Il justifie un ensemble d'effets d'annonce, la réhabilitation et le rappel aux affaires de dirigeants politiques fossilisés, une visite sans queue ni tête du président en France, et des réformes institutionnelles vides de portée pour le pays et dont le seul horizon temporel est 2011, date fatidique qu'attend le Renouveau National pour subitement développer le Cameroun.

De façon concrète, les éléments constitutifs du bricolage politique en question sont, sans être exhaustif :

★ le bout du tunnel de la crise que les Camerounais attendent toujours au point de vivre une superposition des couches de crises successives depuis 1982 ;
★ les grandes ambitions qui ont miraculeusement disparu du langage et de l'agenda officiel ;
★ la récente révision constitutionnelle qu'on disait venir de l'appel d'un peuple qu'on a ensuite cloué au pilori parce qu'il ne s'y reconnaissait pas ;

★ Elecam comme l'alpha et l'oméga de l'expression de la citoyenneté politique selon le Renouveau ;
★ l'invitation du pape Benoît XVI pour on ne sait quel apport au pays ;
★ La référence faite à Jean-Marc Ela dans le discours de bienvenue du président au pape, alors que cet éminent intellectuel camerounais fut exilé par le même Renouveau ;
★ l'opération épervier qui, à tête chercheuse, est l'incarnation réelle des résultats déficitaires, et des desseins machiavéliques du Renouveau National ;
★ Des lettres d'intention envoyées en catimini au FMI pour solliciter des crédits que les ministres en poste disaient eux-mêmes inutiles ;

Ces différents gadgets sont des pièces éparpillées d'un puzzle politique qui ne peut être qu'un grand bricolage tellement chaque vie brisée au Cameroun par le Renouveau National en constitue une case personnelle que le pouvoir ne peut saisir et recomposer. Le régime en place continue cependant sa navigation à vue étant donné qu'il faut faire feu de tous bois dans pareilles situations : les stratèges du pouvoir ont même, à un moment, pensé au corps du feu président Ahidjo comme nouvelle pièce de leur bricolage politique. C'est à croire, comme le disait un des ministres du Renouveau, « qu'on s'accroche même à un serpent lorsqu'on se noie ». Sauf que la noyade, tôt ou tard, semble certaine dans la mesure où tous les corps des Camerounais en souffrance

depuis 1982, pèsent de tout leur poids réel et mystique dans une balance en défaveur de l'homme du 6 novembre 1982.
Au lieu d'aller en France pour se faire expliquer l'esclavage et la traite négrière à Bordeaux, il serait judicieux, instructif et plus économique de regarder ce qu'on fait subir aux Camerounais pour être président à vie : c'est de l'esclavage moderne made in cameroon par le Renouveau National.
S´il est certain que la démocratie pure ne peut être que très difficilement pratiquée aujourd´hui, il n´en demeure pas moins vrai que toute expérience démocratique directe ou indirecte hérissée de fraude, d´obstruction, de manipulation conduirait inéluctablement au délitement et à la régression de la société en question. Un tel balbutiement dans l´organisation, la configuration et la gestion des affaires de la collectivité ne peut être qualifié que de « démocratie pouilleuse » - en allemand Lumpendemokratie -, car elle n´aura pas engendré la « progression » de la collectivité, c´est-à-dire l´épanouissement tridimensionnel – civilisationnel ou culturel, industriel et économique – de l´existence individuelle et collective, signes des aboutissants de la démocratie.
Il est à noter qu´il y a progression dans une société lorsque l´amélioration quantitative et qualitative de la culture -- c´est-à-dire de l´instruction jointe à la formation éthique et morale --, de l´industrie, de l´économie, bref du niveau de vie, tant au niveau de l´existence individuelle que collective, est au moins en parfaite adéquation avec la croissance démographique. Ce qui veut dire que si la population croît plus rapidement que l´amélioration quantitative et qualitative du niveau de vie de l´individu et de la collectivité, on parlera dans ce cas de régression.

Le Cameroun d´aujourd´hui est-il logé dans l´enseigne de la « progression »? Est-il plutôt inscrit dans la trajectoire de la « régression ?

Le prototype de la « démocratie pouilleuse » -- encore appelée « démocratie vicelarde » -- est l´ex-Zaïre du vergobret Mobutu au crépuscule de son pouvoir. Ce qui caractérise ce modèle, c´est le désir d´un groupuscule d´officiels, d´hiérarques et de gouvernants de paupériser tout le peuple pour le rendre dépendant de la phratrie, et pour le faire chanter occasionnellement. Dans une « démocratie vicelarde », on observe aussi la naissance et le développement d´un nombre considérable de féaux et fayots fourbes. Cependant, nous savons que la louange réside souvent dans le discours des menteurs qui déguisent leurs pensées et vues, l´estime dans l´âme des observateurs, témoins, adjuvants ou opposants francs et honnêtes, qui admirent sincèrement les auteurs d´actes remarquables.
L´impression qui se dégage dans un tel régime, c´est le délitement des mœurs, le pourrissement de la vie, le détournement des missions des forces de l´ordre de la protection de l´espace public et du peuple entier vers la protection de la phratrie. La conséquence en est souvent les exactions de toutes sortes commises sur les populations.

Toute démocratie doit toujours reposer sur quatre fondements

Quand aux « démocraties modernes » -- qui sont en fait des « démocraties républicaines » --, l´une de leurs faiblesses, c´est l´apparition d´une classe sociale menant certes une vie décente, mais dont le quotidien est hanté par la panique de perdre la survie matérielle. C´est ce qui provoque la pression psychologique permanente dont souffrent la plupart des habitants des « démocraties républicaines », et c´est ce qui les prive de leur liberté. En ce sens, l´assertion selon laquelle la plupart des gens du Septentrion de notre village planétaire ne sont pas libres – selon l´acception que Georges Bernanos attribue ou confère à ce terme –, n´est pas totalement inexacte.

Selon Georges Bernanos, un homme libre est celui qui s´impose une certaine discipline individuelle conforme à l´idéal de vie qu´il s´est choisi. Bernanos explique : « l´Etat ne craint qu´un rival, l´homme. Je dis l´homme seul, l´homme libre…Non pas le réfractaire brutal et sommaire, non pas l´anarchiste intellectuel, qui est de tous les intellectuels le plus ridicule, et, pour employer le mot célèbre de Proudhon, le plus 'femmelin'. Je dis l´homme libre, non le raisonneur ou la brute ; l´homme capable de s´imposer à lui-même sa discipline, mais qui n´en reçoit aveuglément de personne ; l´homme pour qui le suprême confort est de faire, autant que possible, ce qu´il veut, à l´heure qu´il a choisie, dût-il payer de la solitude et de la pauvreté ce témoignage intérieur auquel il attache tant de prix ; l´homme qui se donne ou se refuse, mais qui ne se prête jamais…Que de tels gens soient le type accompli de l´humanité, nous ne le prétendons pas. Nous ne souhaitons même pas que leur nombre aille sans cesse croissant. Nous savons seulement que lorsque l´espèce en devient trop rare on voit aussitôt l´esprit de Légalité l´emporter sur l´Esprit de Justice, l´Obéissance devenir Conformisme et les

institutions imaginées pour la protection des individus et des familles les sacrifier à leur furieux accroissement. »
Dans les « démocraties républicaines », la plupart des gens de la classe aux conditions économiques décentes, la classe des survivant(e)s, ont par exemple une liberté de parole formelle qu´ils n´exercent pas, de peur de perdre du jour au lendemain la base de la survie matérielle. Or, dans le Septentrion du village planétaire, il est quasiment impossible de compter sur le village après avoir perdu sa base matérielle.L´espace vital et les ressources s´obtiennent contre espèces sonnantes et trébuchantes, et la pratique de la solidarité et de la charité est devenue rarissime.
Néanmoins, nous savons que toute démocratie doit toujours reposer sur quatre fondements : 1. La liberté autonome, c´est-à-dire le droit qu´a l´individu de prendre lui-même ses décisions ; 2) l´isonomie ou l´égalité de tous devant la loi ; 3) la souveraineté du peuple, c´est-à-dire tout citoyen qui dispose du droit de vote, doit être exhorté, par les pouvoirs publics, à l´exercer chaque fois que l´occasion se présentera ; 4) la recherche du bien commun, qui est la finalité de la démocratie ; c´est pourquoi Périclès affirmait dans La guerre du Péloponnèse : « Parce que notre régime sert les intérêts de la masse des citoyens et pas seulement d´une minorité, on lui donne le nom de démocratie ».
Plus loin, Périclès déclare : « Nous obéissons aux lois, à celles surtout qui assurent la protection des victimes de l´injustice et à ces lois non écrites qui attirent sur ceux qui les transgressent le mépris général. »

Tous les Camerounais, en commençant par les gouvernant(e)s, adhèrent-ils à ces principes ?

On distingue généralement la démocratie directe de la démocratie indirecte. Bien qu´il soit le plus souvent admis que le vocable démocratie est essentiellement grec, pour aussi signifier que la démocratie naquit en Grèce, il n´en demeure pas moins exact que la « démocratie pure » fut pratiquée, selon le sociologue Baechler, à l´aube de l´humanité par des groupes vivant de la chasse et de cueillette. On peut ajouter que les communautés acéphales en Afrique, au Cameroun méridional par exemple, ont pratiqué la « démocratie pure » jusqu´à l´époque contemporaine

En effet, l´Afrique était et est composée de peuples, peuplades et communautés ayant à leurs sommets des rois et des chefs traditionnels ; mais on y trouve aussi des peuples qui ne reconnaissent pas de dirigeant au-dessus de toutes les composantes de leurs sociétés. C´est le cas des sociétés acéphales.

La démocratie athénienne était directe parce que le peuple ou « Ekklesia » -- composé seulement d´hommes nés de parents athéniens, âgés au moins de dix-huit ans -- y exerçait directement le pouvoir. Le peuple votait les lois, prenait les décisions et nommait les fonctionnaires – ou «magistrats » -- pour une durée d´un an. Les fonctionnaires faisaient partie d´un Conseil appelé « Boulè ». Les magistrats devaient rendre compte de leur travail au bout de leur mandat.

Nous sommes loin de la conception qui veut, dans certaines « démocraties » contemporaines, que les magistrats continuent à vaquer aux affaires de la collectivité jusqu´au moment où ils prendront le chemin de leur dernière demeure.

Chaque membre du peuple pouvait participer à l´Assemblée, y prendre la parole, ou occuper un poste en tant que « magistrat » ou fonctionnaire. Le procédé utilisé à l´époque

était celui du tirage au sort. Tout membre du peuple âgé de plus de trente ans avait de plus la possibilité de se faire nommé, par tirage au sort, au « Tribunal » (« Héliée »), ou au groupe restreint de dix stratèges , chargés de la défense de la collectivité. Les stratèges étaient responsables devant le Conseil et l´Assemblée.
Seule la discrimination – excluant les femmes, les étrangers et les esclaves de la vie démocratique – constituait et constitue le principal talon d´Achille de la démocratie directe athénienne.

Les démocraties indirectes contemporaines sont en réalité des « démocraties républicaines

Les démocraties du monde contemporain sont plutôt indirectes. Les citoyens élisent des représentants. Ceux-ci exercent le pouvoir en leur nom. Cela veut dire que le peuple délègue ses pouvoirs à un groupe restreint ; ce groupe l´exerce au nom du peuple. Le petit groupe peut aussi l´exercer contre le peuple, en le manipulant.
Le petit groupe qui reçoit les pouvoirs du peuple tout entier est aujourd´hui assimilé à l´aristocratie. C´est pour cela que certains ont souvent estimé que la démocratie indirecte ou représentative ne serait qu´une aristocratie déguisée.
Seulement, cette désignation est erronée parce que les dirigeants dans une aristocratie forment une élite dotée de plus grandes qualités morales et intellectuelles ; c´est pour cette raison qu´ils mériteraient de gouverner dans un régime politique aristocratique. En outre, les aristocrates sont riches, ils n´utilisent pas les rênes du pouvoir comme tremplin pour faire main basse sur les richesses publiques de la collectivité et se remplir les poches. Les démocraties indirectes contemporaines ne sont donc pas des aristocraties déguisées.
Les démocraties indirectes contemporaines sont en réalité des « démocraties républicaines », c´est-à-dire des démocraties dans lesquelles la majorité du peuple est formée

de personnes libres et moyennement riches – c´est la classe moyenne. Cette classe moyenne sert de tampon entre deux minorités extrêmes, celle des riches et celle des pauvres.
Les pays Africains sont-ils des démocraties républicaines ? Cette question s´adresse à chaque Africain(e) - y compris votre humble serviteur. C´est chaque Africain(e) qui devrait être en mesure de répondre franchement, sans ambages, à cette question.
Nous savons que la plupart des pays africains sont potentiellement très riches. Nous savons par exemple que les Sud-Coréens qui ont découvert ou ont eu vent de la découverte d´un gisement exceptionnel de diamant au Cameroun considèrent ce pays du golfe de Guinée comme un « eldorado » -- c´est-à-dire un pays de cocagne. Si les Sud-Coréens savaient seulement que le Cameroun regorge d´autres ressources naturelles et minérales, ils pourraient affirmer, sans risque de se méprendre, que le Cameroun est potentiellement le pays le plus riche de notre village planétaire.
Le Cameroun est-il une démocratie républicaine ? La Cameroun a-t-il une classe moyenne ? La majorité des habitants du Cameroun est-elle composée de personnes libres et moyennement riches ?
En réalité, Solon -- qui séjourna en Egypte pharaonique nègre et qui est considéré comme le père de la « démocratie athénienne » -- voulait créer un équilibre entre les riches (parti des aristocrates) et les pauvres (parti populaire). La démocratie est donc un régime politique qui a pour quintessence et finalité la création d´un équilibre matériel entre les nantis et les déshérités. Cet équilibre, engendré par les gouvernants et officiels d´un pays, se réalise et se traduit par l´entrée continue des indigents et autres déshérités dans la classe moyenne.
Au reste, si tous les Camerounais, à commencer par les officiels, ne peuvent répondre par l´affirmative aux trois dernières questions posées ci-dessus, alors le Cameroun est -

par pudeur de notre part - une démocratie archaïque, c´est-à-dire une démocratie pouilleuse, clochardisant et paupérisant la plupart de ses filles et fils.
Alors, on serait en droit de soutenir que la leçon que le Bénin nous administre depuis des lustres n´a jamais été assimilée au Cameroun; on pourrait aussi arguer que l´exemple que le Ghana nous a montré récemment n´a aucunement réveillé la plupart des officiels du Cameroun de leur sommeil de souche. Le Ghana n´a pas eu besoin de déformer ses réalités, et de se fabriquer de toutes pièces une image invraisemblable, afin d´attirer l´estime et les félicitations de la communauté internationale ; les Ghanéens ont tout juste su appliquer le principe de la souveraineté du peuple et celui de la recherche du bien commun.

L´informatisation du fichier électoral et la recherche du bien commun sont essentielles

Les pays africains en général et le Cameroun en particulier peuvent-ils laisser toutes les composantes du peuple se prononcer clairement lors des consultations électorales, en informatisant et en mettant à jour au moins un an avant les échéances et consultations électorales le fichier électoral ? Les Africains en général et les Camerounais en particulier – y compris votre serviteur – ont-ils à cœur la recherche du bien commun dans les pays africains et au Cameroun? L´informatisation du fichier électoral et la recherche du bien commun sont essentielles, et peuvent propulser, à court terme, l´Afrique vers la prospérité.
Le Cameroun dispose de ressources humaines et financières pour informatiser à temps son fichier électoral, afin qu´aucun candidat malheureux lors des échéances électorales ne puisse en contester les résultats.
L´envol hic et nunc de l´Afrique et du Cameroun dépend aussi de la réponse à ces deux dernières questions. Si jamais elle était négative, ceci signifierait que l´impéritie et le dol

prévalent encore dans les milieux officiels en Afrique et au Cameroun.

Le crépuscule des intellectuels camerounais

Une crise peut en cacher une autre plus subtile mais plus profonde. Au moment où des universitaires rendent hommage au philosophe camerounais Fabien Eboussi Boulaga, l'auteur de la crise du muntu, ce classique de philosophie africaine, je m'interroge sur la crise des intellectuels dans notre cher pays où l'on a vu ces derniers mois l'opération épervier projeter en prison des professeurs, des docteurs, des ingénieurs, etc. Partant de l'hypothèse que l'impératif de survie dans un contexte de clochardisation a reconfiguré le paysage intellectuel camerounais ces deux dernières décennies, j'esquisse ici une typologie. Une certitude s'en dégage : nous n'avons pas été à l'école pour les mêmes raisons. Notre science est encore à la recherche d'une conscience

La raison en prison

Le Cameroun qui fêtera cinquante ans d'indépendance politique en 2010 a hérité l'école occidentale de la colonisation comme l'une des figures principales de la civilisation et un pilier de l'idéologie du développement. Ça fait donc plus d'un siècle que nous fréquentons l'école de l'homme blanc dans ses nombreuses formes. Mais pour quoi faire ? Au fil des décennies nous multiplions les écoles et les universités, nous accumulons et distribuons des diplômes, mais le fameux développement ne suit pas. En effet, ce ne sont pas les diplômes et les compétences qui nous font défaut. Ces cinq dernières décennies des intellectuels camerounais ont fait leurs preuves dans bien de domaines à l'intérieur comme à l'extérieur du pays. Mais c'est aussi un fait aujourd'hui que des professeurs, des docteurs, des ingénieurs, des diplomates et des administrateurs camerounais qui devraient être au service de leur pays sont des locataires de Nkondengui et de New Bell, non plus pour délit d'opinion comme par le passé, mais pour vol de deniers publics. On en vient à se demander comment des spécialistes de la raison peuvent loger en prison. Le Cameroun vit à sa manière le drame du divorce entre la raison théorique et la raison pratique, entre le savoir et le savoir être. L'excellence académique ne va pas souvent de paire avec l'excellence éthique et civique. Dans notre jeune Etat, le gangstérisme d'Etat semble avoir pris le pas sur le lien civique fondamentalement structuré par la reconnaissance éthique de l'autre. Comme le dit l'homme de la rue : «tout pour moi rien pour les autres». Quand je parle de «tragédie camerounaise» certains me trouvent excessif voire alarmiste. C'est pourtant vrai que nous aurions eu de meilleurs gouvernants et de cadres plus intègres ces cinq dernières décennies que le Cameroun serait un petit «paradis». Nous avons tout ce qu'il faut pour l'être, depuis les ressources humaines jusqu'aux ressources naturelles en passant par les richesses culturelles. Ce qui nous fait terriblement défaut, on ne le dira jamais assez, c'est une gestion civique et équitable des hommes et des choses, c'est le leadership civique et éthique qui doit venir aussi des intellectuels. Curieusement face à cette déchéance civique qui n'est certainement pas irréversible, on a l'impression que les intellectuels camerounais on capitulé. Nous avons jusqu'ici, à quelques exceptions près, failli à notre mission qui est celle d'allier science et conscience pour veiller sur la cité et organiser la résistance quand la patrie se meurt. Nous sommeillons avec le peuple, attendant dans la résignation et les lamentations notre holocauste aux divinités voraces et impitoyables de nos régimes délinquants et nocifs. Mongo Beti, l'auteur de Main basse sur le Cameroun doit se retourner dans sa tombe. Notre déchéance prend plusieurs formes et frappe aussi bien ceux d'entre-nous qui ont choisi de faire la politique que ceux-là qui sont restés dans les salles de classe.

Les intellectuels du regime

Commençons par ceux des nôtres qui pour une raison ou une autre ont choisi de servir nos régimes moralement décadents, de faire la politique. En effet, beaucoup de professeurs, de docteurs, d'ingénieurs et autres ont occupé et occupent des postes ministériels ou des hautes fonctions au sommet de l'Etat. D'autres sont des hauts cadres de l'administration ou de partis politiques. Ce n'est d'ailleurs pas une spécificité camerounaise. Combien d'intellectuels camerounais qui ont préféré la politique aux salles de classes et autres espaces professionnels se sont distingués par leur probité et sens critique par rapport aux dérives des deux régimes que nous avons connus depuis l'indépendance? Où étaient-ils quand le Cameroun se spécialisait en corruption et en détournement de fonds publics ? Combien d'entre eux ont pris le risque de tirer la sonnette d'alarme ? Malheureusement très peu ! D'ailleurs, les ravages actuels de l'opération épervier portent plutôt à croire que la plupart ont pris part à la cabale incivique en sacrifiant l'intérêt commun aux dieux égoïstes de l'argent, du ventre et du bas-ventre. La décadence civique et éthique que nous connaissons aujourd'hui est aussi le fruit des décennies de collaboration, voire de complicité, d'intellectuels camerounais avec des régimes délinquants. Ces intellectuels affamés sont passés maîtres dans l'art de la flagornerie dans l'espoir d'attirer ou de conserver les bonnes grâces du prince. Ils sont les exégètes de ses discours et ne s'embarrassent pas de justifier l'injustifiable. Il est question de flatter le prince pour rester près de la mangeoire. C'est le comble de la servitude! Pour ces intellectuels alimentaires, l'argent et le pouvoir passent avant tout. Et ils sont prêts à tout pour les avoir ! La conscience morale en est obscurcie et on met la raison au service de tout, même du mensonge, pourvu que l'argent et la promotion suivent. Ceux d'entre eux qui ont écrit ont plus de chance d'avoir leurs œuvres au programme. Quant aux récalcitrants ils sont purement et simplement clochardisés quel que soit leur mérite.

Les intellectuels clochardisés et aigris

Ils sont les plus nombreux et sont comparativement moins bien traités que les cadres administratifs de même niveau. Il suffit de comparer les étudiants de l'ENAM à ceux de l'Ecole Normale Supérieure ou simplement de l'université. Le contraste est vertigineux et suggestif : c'est le mépris de la science au profit d'une bureaucratie politisée et budgétivore.Les salaires de enseignants sont anormalement bas considérant les services qu'ils rendent à la société. Au quotidien, ils courent d'une école à une autre, d'un institut à un autre dans l'espoir de glaner de quoi arrondir les fins de mois. Ils sont restés dans les salles de classes, parfois malgré eux, et subissent la paupérisation orchestrée par des régimes qui non seulement se soucient très peu du progrès de la science mais transposent les calculs politiciens les plus abjects sur les terrains académiques et professionnels. C'est un fait que même au sein de nos écoles et campus, il y a des intellectuels au service d'un régime et non de la science et de la nation. Ici, aussi, la relation prime sur le mérite. Les conditions de travail sont insupportables et tout concourt à la production et à la reproduction de la médiocrité. Les plus grandes victimes sont évidemment ces milliers de jeunes assoiffés de savoir qui sont contraints dans des conditions d'apprentissage infra-pédagogiques de se contenter des parchemins souvent sans contenu. Dans des conditions aussi déprimantes, ils sont naturellement peu nombreux à s'investir véritablement dans la recherche scientifique et à émerger au niveau mondial. Même le progrès scientifique et technique suppose la bonne gouvernance. Je me demande cependant si cette situation frustrante justifie nos propres dérives, nous qui continuons à tenir la craie au bercail. Nous paraissons désormais tous vulnérables à la séduction de

Mammon, prêts à tout vendre, à tout acheter, bref à tout trafiquer. Chaque corps de métier peut nommer ses démons. La déchéance éthique et civique sévit au cœur même des temples du savoir que devraient être nos universités, lycées et écoles : inconscience professionnelle, trafic de notes et de diplômes, trafic d'influence, corruption, harcèlement sexuel, détournement de fonds, etc. Là aussi, comme nos dirigeants, nous sacrifions aux dieux de l'argent, du ventre et du bas-ventre. Nos diplômes et nos titres nous gonflent d'orgueil et nous nous prenons pour des petits dieux que nous obligeons nos étudiants et élèves à adorer. Les vrais savants ne sont-ils pas en général humbles, conscients du fait que ce qu'ils savent est insignifiant par rapport à ce qu'ils ignorent ? Nous avons reçu la lumière du savoir, mais au lieu d'éclairer nos étudiants, nous transmettons les ténèbres d'une violence qui ne dit pas son nom. Nos universités et lycées fabriquent des frustrés qui seront tentés demain de perpétuer la frustration. Venons-en à ceux de nos collègues contraints à l'exil par la situation désolante que je viens de décrire.

Les intellectuels exilés et dissidents

Méconnus, intimidés ou frustrés dans leur propre pays, ils ont choisi d'aller faire valoir leurs compétences ailleurs. Décidemment, nul n'est prophète chez soi ! Ils font le bonheur des pays étrangers alors que le leur demeure une véritable jungle. Seulement, je me demande si la vraie vie est vraiment ailleurs, si le paradis est vraiment chez autrui. La fuite face à l'obstacle est-elle vraiment la solution ? L'ordre et la discipline dont ils profitent ailleurs sont les fruits du combat des autres. Mais au lieu de combattre pour que les choses changent chez eux, ils ont déserté la patrie. A chacun ses choix !Quant aux intellectuels dissidents, comme Fabien Eboussi Boulaga, qui ont choisi de rester au front local, ils sont malheureusement très peu nombreux. Parce que pour l'être, il faut être libre et prêt à souffrir, voire mourir, pour ses convictions. Le Cameroun en a plus que besoin aujourd'hui. Malheureusement dans un contexte de clochardisation des intellectuels et de mépris pour la science comme le nôtre, très peu résistent à la séduction de l'argent et du pouvoir.

Retrouver les lignes de resistance

Comme on peut le constater le monde intellectuel camerounais est fragmenté. Un sursaut éthique et civique s'impose si nous voulons un autre Cameroun pour nos enfants. Il ne suffit pas de former la tête, il faut aussi former le cœur ! C'est à cette condition que le savoir peut devenir une sorte de lumière qui, en dissipant les ténèbres de l'ignorance, permet à son détenteur de s'éclairer et d'éclairer son prochain. C'est ainsi qu'un intellectuel peut véritablement devenir un éclaireur éclairé. Mais très souvent l'accent est mis à l'école sur l'acquisition des diplômes pour gagner de l'argent, surtout beaucoup d'argent. Et après on est surpris des monstres qui en sortent : une grosse tête mais un cœur trop étroit ! Pour les intellectuels, aussi, l'argent est un mauvais maître et quiconque s'aventure à l'aimer devient un monstre pour son prochain. La place des intellectuels engagés n'est ni en prison ni dans les régimes corrompus mais au front pour le respect de la dignité humaine et des valeurs civiques. Puissent les jeunes intellectuels camerounais s'inspirer des Lignes de Résistance de Fabien Eboussi Boulaga, cet intellectuel de rigueur. Nos larmes ne sont pas des armes. Changeons-nous pour changer le Cameroun.

L'exigence d'exemplarité

Nous avions déjà eu à dénoncer le caractère étrange des réactions du landernau politique proche du parti au pouvoir suite à la publication du désormais célèbre rapport du Comité catholique contre la faim et pour le développement (Ccfd) mettant en cause la fortune du président de la République. Il y a cinq semaines dans ces mêmes colonnes, nous nous sommes écriés: "Mais de quoi ont-ils peur, et pourquoi ces réactions aussi brutales que maladroites au nom de quelqu'un qui ne s'est pas plaint et qui n'a peut-être pas besoin d'avocats défenseurs? Parce que, au fond, le rapport du Ccfd, faiblement documenté, est d'une démonstration paresseuse. Sauf à manquer de respect et à trouver peu de sérieux à la fonction présidentielle en Afrique noire, autant on ne trouve pas scandaleux les éléments d'enrichissement présentés au bénéfice de Paul Biya, autant on cherche en vain la même hargne à retrouver les traces de financements des campagnes successives des hommes politiques français ou même leur enrichissement personnel." L'agitation n'a pas cessé, à entendre et à lire toute la prose qui a créé des espaces spéciaux dans les médias à capitaux publics. Et, entre antennes locales du Rdpc les unes plus agitées que les autres, et de nouvelles chapelles qui naissent chaque jour avec pour objectif particulier le soutien au chef de l'Etat, il y a désormais comme une vive concurrence pour la palme d'or du groupe qui dénoncera avec les mots les plus durs cette Ong française. C'est une effervescence qui a son intérêt du point de vue de l'analyse politicienne, mais Paul Biya pourra-t-il se satisfaire de ce brouhaha, en sa qualité de chef d'Etat? N'a-t-il pas encore compris que de sa réaction dépendra la crédibilité de son discours sur l'opération Epervier, sur la campagne annoncée pour l'assainissement des mœurs publiques? Il faut bien se le dire: Si le président de la République doit convaincre le reste de la population sur le mouvement enclenché, il se doit de montrer, en premier et pour le symbole, patte blanche. Ceux qui sont passés par la faculté de droit s'en souviendront toujours: "He who comes to equity must come with clean hands". Et il sera d'autant plus fort à entreprendre une telle démarche qu'il évitera ainsi d'être l'otage de tous ceux qui s'agitent et manipulent les populations villageoises, parce qu'ils seraient les plus gênés si le chef de l'Etat montrait le chemin, l'exemple de la transparence. A 76 ans bien sonnés, le président doit être soucieux de sa stature dans l'historiographie politique du Cameroun. Incontestablement vers sa sortie (qu'elle soit politique ou naturelle), Paul Biya devrait faire en sorte qu'il marque l'histoire par des actes forts. Puisque son mandat moral avec le peuple a été inauguré, le 6 novembre 1982, par un discours clair sur "la rigueur et la moralisation", et que, comme l'ont révélé les faits, ce discours a été rattrapé par des pratiques peu orthodoxes qui ont engendré l'accumulation éhontée et l'enrichissement facile, l'occasion n'est-elle pas trop belle pour qu'il puisse la manquer: Celle de se réconcilier avec son discours originel, c'est-à-dire avec lui-même, en donnant enfin un contenu concret à la loi sur la déclaration des biens qui a déjà été votée et qui n'attend que son décret d'application? La conséquence immédiate serait de donner donc l'exemple à travers sa valeur personnelle et son parcours exceptionnel, puis d'exiger, à travers un schéma convenu et transparent, à tous les autres hauts commis de l'Etat de faire pareil. On peut imaginer la débandade, notamment de la part de tous ceux qui, depuis plusieurs semaines, se cachent et s'agitent derrière le mutisme du chef de l'Etat pour ériger les responsables de l'Ong Ccfd en "ennemis de la nation camerounaise et de son illustre chef". Et de manière inattendue, cet exercice constituerait le meilleur tamis dans la lutte sourde que se livrent les clans autour du chef pour la succession annoncée à la tête de l'Etat. Quelques leaders de l'opposition, qui ne risquent certes rien, ont annoncé leur désir de déclarer leurs biens. Qui, dans le camp présidentiel, aux affaires depuis si longtemps, est prêt à engager cet exercice de transparence, cette exigence d'exemplarité?

PENDANT QUE LE PAYS TOUT ENTIER NE CESSE DE DESCENDRE AUX FONDS DES ABIMES LES PLUS SOMBRES, QUELQUES UNS S'EVERTUENT A ELABORER DES MOTIONS DE SOUTIEN AU PRINCE.

Les habitudes ont la peau dure. Les Camerounais sont habitués aux motions de soutien chaque fois qu'il de poser un problème politique majeur. Chaque fois que de grandes questions se posent au Cameroun, une troupe, visiblement déchaînée de compatriotes, emplit rues et médias pour faire entendre ce qui s'apparente de plus en plus comme une réaction mécanique d'autodéfense

S'agit-il de zélateurs ou de chefaillons ? Une chose est sûre, ce comportement ne fait pas l'unanimité au sein des populations camerounaises en proie à de véritables difficultés de survie pour la plupart. Les initiateurs de cette posture politique s'accaparent des sujets brûlants, pour empêcher toute réflexion profonde, comme cela est de mise dans les sociétés qui évoluent.

Ce grand cirque dont l'inauguration remonte vers les années 1946, à la suite du voyage d'Alexandre Douala Manga Bell à l'Onu, mérite que l'on s'y attarde un moment dans le but prémédité de lui dépouiller de ses relents d'hypocrisie et de sournoiserie. Revenons en 1946. Alexandre Douala Manga Bell se rend aux Nations unies, non pour discuter des questions d'intérêt camerounais, mais pour cautionner l'entrée de son pays sous l'administration française, dans le cadre de la tutelle internationale. Initiative for louable aux yeux de la France mais ubuesque pour le peuple camerounais au nom de qui il (Manga Bell) entend s'exprimer. Depuis lors, cette façon d'agir continue d'être copiée par les successeurs, clonage politique oblige, de Manga Bell. Un bref rappel de ce passage éhonté à l'Onu montre combien ce compatriote s'est autoproclamé représentant du peuple,alors qu'il n'en était rien.

De source digne de foi, Douala Manga Bell était un recru de la France pour jouer les défenseurs de la dépendance du Cameroun.Comme ce triste 13 décembre1946, nombre de Camerounais continuent, 63 années plus tard, à se comporter de la même manière. Hier, c'était la question de savoir si oui ou non le Cameroun doit accéder à l'indépendance. Aujourd'hui, d'autres grandes questions se posent et surgissent à temps ou à contre temps, malheureusement pour une certaine nomenklatura politique, il n'est guère question que les réactions s'adaptent à l'évolution des mentalités. N'en déplaise à ceux qui trouvent ce comportement contre productif pour le pays.

LES ENS CONTRARIÉTÉS DE L'HISTOIRE 1962.

Le Cameroun vient de procéder à la réunification. L'Assemblée législative du Cameroun (Alcam) se compose de la manière suivante : Union camerounaise, 30 députés, Union des démocrates (14), Action nationale (8), Non inscrits (8), Paysans Indépendants (7) Sur la question de la poursuite du multipartisme, Ahidjo, président de l'Union camerounaise choisit tout seul l'option du monopartisme. " L'opposition proposa un Front national unifié : ses leaders André Marie Mbida (Démocrates), Charles René Guy Okala (Socialiste), Théodore Mayi-Matip (Upciste), Dr Bebey Eyidi (Travailliste) déposèrent leurs statuts et saisirent le président de l'Assemblée nationale conformément aux dispositions de la Constitution de la République fédérale du Cameroun et à celles de la loi du premier juillet 1961...cette tentative fut sans lendemain." L'Union nationale camerounaise issue de l'Union camerounaise devint de force le parti de tous les Camerounais.

Pour une décision qui coûta prêt d'une trentaine d'années de recul démocratique et de dictature, les motions de soutiens fusèrent de partout. 1990. Alors que souffle le vent d'Est, les peuples aspirent comme jamais par le passé à la liberté. Un groupe de Camerounais notamment du Rassemblement démocratique du peuple camerounais (Rdpc), orchestrèrent une longue tournée nationale d'opposition à l'ouverture démocratique. Les memoranda et les motions de soutien qui fusèrent de partout pour dire " Non au multipartisme précipité ", accourent encore en foule dans nos mémoires.

La radio et la télévision d'Etat furent le théâtre d'interventions multiples et variées de nos " intellectuels " parmi les plus crédibles. La démocratie fut clouée au pilori par ceux dont la formation académique prédisposait à défendre les valeurs de liberté et de respect des différences. Idem pour la publication par l'Ong Transparency International, de son Indice de perception de la corruption. On se rappelle que par deux fois, en 1998 et 1999, le Cameroun fut classé pays le plus corrompu du monde. Pendant deux années successives ce même résultat fut rendu public. Comme en 1962, le Prince reçut un torrent de motions de soutien et de déférences.

Transparency International avait alors été soumise à une bonne douche froide comme aucune autre Ong n'en a reçu au Cameroun. La crédibilité des sondages fut nuancée, ses responsables taxés de tous les noms d'oiseaux, sans que pour autant une réflexion sérieuse soit menée pour combattre le fléau ainsi dénoncé. Jusqu'à ce jour, de légers palliatifs continuent de surgir de temps à autre dans les tiroirs d'Etoudi, sans un impact véritable contre la prolifération du phénomène. Février 2008. Les émeutes de la faim. Sans changer de mine, l'industrie des motions de soutien et d'attachement indéfectible au Prince se mit à tourner. Des Camerounais, revendiquant leur droit au mieux être furent taxés d' "apprentis sorciers".

Le problème véritable de la hausse vertigineuse des prix des produits de grande consommation fut édulcoré au bénéfice des memoranda et des motions de soutien. Vint la révision constitutionnelle de mars 2008. La problématique du respect des dispositions constitutionnelle comme facteur

d'enracinement de démocratie fut tout aussi renvoyée aux calendes grecques. Comme d'habitudes, des marches de soutien, des motions déferlèrent dans les rédactions des radios, télévisions et de la presse écrite. Nous en sommes aujourd'hui à nous demander si la longévité aux affaires est gage absolu d'efficacité et de réussite.
Le dernier cas en date est celui de la publication par une Ong dénommée : Comité Catholique contre la faim et pour le Développement (Ccfd-Terre solidaire), d'un rapport dans lequel les biens du président Paul Biya sont répertoriés. Au lieu de réfléchir sur le problème de fond de la non déclaration des biens par les dirigeants camerounais selon l'article 66 de notre Constitution, voici qu'une avalanche de motions de soutien se déclenche dans tout le pays. Comme ce fut le cas pour Transparency International, la crédibilité de l'Ong est suspectée, le contenu de son rapport sujet à caution. Ce traitement mécanique des grands enjeux de la République est du genre à conduire la société vers l'abîme.

Les commanditaires de l'ombre

Ils sont nombreux ceux qui tirent les ficelles dans l'ombre. Surement pour préserver leur place autour de la mangeoire Memoranda et motions de soutiens sont servis dans la même cuisine : celle des " élites ". Impossible de fouiner pour l'instant dans l'adultération dont ce noble mot a fait l'objet sous les tropiques.
Contentons-nous du service à nous rendu par la nomenklatura politico-économique. Accordonsnous de dissimuler un temps soit peu les marches conduisant à l'élitisme à la camerounaise. Nos "élites" s'enferment à deux trois ou quatre, loin des populations pour lesquelles elles disent agir. Un comité de rédaction est mis sur pied à la va vite question de produire rapidement le texte que la secrétaire se chargera d'écrire ipso facto et le tour est joué.

Ainsi, une petite poignée de personnalités s'autoproclame représentant d'un Département d'un Arrondissement d'une Association donnée. Comme être élite renvoie directement à avoir beaucoup d'argent et de biens matériels chez nous, aucune contestation n'est attendre du côté des damnés de la terre. Il s'agit donc d'une manoeuvre impulsée au sommet de la société par une poignée de personnes car les "élites" se comptent au bout des doigts. Soutien sincère ou hypocrisie Le but premier d'une motion de soutien n'est pas de secourir politiquement son leader en difficultés. Il sert davantage comme un faire valoir sensé mettre au premier plan son initiateur. Ce dernier se positionne en la circonstance comme un passage obligé pour quiconque voudrait conquérir les populations de la localité. Sans s'en rendre vraiment compte, les populations sont entraînées dans un jeu qui ne profite qu'à un petit nombre.

C'est ce petit nombre qui délie les cordons de la bourse et ça marche ! A eux les postes ministériels, de Directeurs de sociétés, etc. " Vous trompez le Président de la République avec vos motions de soutien. Vous donnez l'impression que tout le monde est content. Vous refusez de dire la vérité au Chef de l'Etat que les populations souffrent de la pauvreté. " Réaction toute récente d'une personnalité conviée à apposer sa signature au bas d'une motion de soutien à Paul Biya dans le Département de la Mvila (province du sud).

Le Cameroun accède à l'indépendance sous la direction de personnalités n'ayant pas associée leurs efforts à l'émancipation du peuple. Cette tradition de refus de faire face se prolonge au point d'empêcher toute réflexion visant à trouver des solutions durables aux questions que se posent les populations. Les memoranda et les motions de soutien se présentent ici comme une panacée dont le but ultime est de détourner l'attention du peuple des enjeux véritables auxquels il a droit à des réponses fiables. Au lieu de quoi, des palliatifs des ersatz de solutions sans emprise réelle sur le devenir de la majorité sont tout le temps servis par les détenteurs du pouvoir.

Cameroun (1982-2009): La corruption et les détournements de deniers publics en question

Retour sur des cas de malversations qui auraient dû susciter une opération d'assainissement de la gestion publique longtemps avant Epervier. Lorsque le 1er président du Cameroun démissionne le 04 Novembre 1982 et remet le pouvoir à M. Biya deux jours plus tard, une vague d'espoir traverse le pays d'est en ouest, du nord au sud. Cet engouement est motivé d'une part par le préjugé favorable dont bénéficie le nouveau président auprès de la quasi-totalité de la population, d'autre part par l'espoir de voir conjurés les souffrances et sévices endurés par le peuple en raison de la manière implacable avec laquelle les problèmes sociaux étaient traités par l'ancien président pour qui les exigences dues au respect des droits de l'homme étaient le dernier des soucis. Le temps de l'éclosion d'une rose, l'euphorie de départ se dissipa dans la nature comme fumée dans l'air. La tentative de coup d'état du 06 avril 1984 est la première manifestation de la forte désillusion qui s'installe dans le pays. Les puschistes tentent vainement de secouer la conscience d'un peuple hypnotisé et anesthésié par le discours creux et lénifiant de M. Biya prônant la rigueur et la moralisation en pratiquant le contraire des exhortations publiques. A travers une adresse par message radio aux Camerounais, ils dénoncent à un public médusé : "la bande à Biya, avec leurs escroqueries et leurs rapines incalculables (...), son gouvernement et ses agents propulsés à la tête des rouages de l'Etat avec, comme seule devise, non pas servir la nation, mais se servir. Oui, tout se passait comme s'il fallait se remplir les poches le plus rapidement possible, avant qu'il ne soit trop tard ".Mal leur en prend : par la grâce des ordres mystiques et l'entrée en scène des réseaux de la françafrique, M. Biya, un temps totalement ébranlé, réussit à reprendre pied. L'action du gouvernement se referme sur les questions sécuritaires caractérisées par l'atmosphère de terreur qui a régné sur le pays aux heures les plus sombres du régime Ahidjo. Parallèlement, tout est mis en œuvre pour verrouiller le système électoral afin de s'assurer un succès sans contestation à toute consultation populaire. Au plan intérieur, la stratégie mise au point se déploie sur trois axes principaux, à savoir : =le suréquipement d'une garde présidentielle bénéficiant de tous les privilèges et totalement dévouée au chef de l'Etat. Cette forme d'assurance tout risque au plan sécuritaire s'accompagne, au plan institutionnel, de fréquentes manipulations de la loi organique (la constitution) pour garantir l'impunité et une présidence à vie au locataire d'Etoudi ; =l'accaparement et l'utilisation indécente de tous les moyens de l'Etat et des entreprises publiques pour asseoir et consolider la pérennité du régime en place ;=le bâillonnement, à travers le contrôle de la presse et un système judiciaire aux ordres, de "tous ceux qui en savent trop", et affichent des velléités d'indépendance d'esprit en essayant de ramer à contre courant des initiatives du prince. Contre leur soutien à un chef d'Etat qui leur doit son fauteuil, les réseaux de la françafrique et les ordres ésotériques sont entre-temps entrés en concurrence. Ils s'investissent pour infiltrer les secteurs stratégiques de l'économie afin de tirer le meilleur profit du filon camerounais. Leur action pernicieuse est naturellement facilitée par la docilité d'un obligé, otage d'une dette de reconnaissance et qui, par fainéantise ou par négligence, a délaissé toute vision prospective de la gestion des leviers de croissance économique. Comme il fallait s'y attendre, l'économie camerounaise plonge dans la crise dans la deuxième moitié des années 80. Totalement pris au dépourvu, enfermé dans ses contradictions, que les flagorneurs impénitents maquillent par le doux euphémisme de "nuances dialectiques", la traçabilité de la politique qu'entend mener M. BIYA pour tirer le pays de la mauvaise passe tarde à se dessiner. Le F.M.I. s'engouffre dans la brèche et impose des remèdes de cheval. Les innombrables conséquences de cette situation rythment toujours la vie nationale sans qu'apparaisse la sortie du tunnel. A tout prendre, et alors qu'il n'avait de cesse de proclamer, à son arrivée au pouvoir, que " le Cameroun se porte bien", M. BIYA apparaît incontestablement comme le démolisseur insouciant des précieux acquis hérités de son " illustre prédécesseur ". Les marques les plus visibles de cet extraordinaire gâchis sont :=la disparition des principales entreprises publiques qui faisaient la fierté des Camerounais en contribuant, en même temps, au transfert des technologies et à la résorption du chômage ; =la stagnation voire la baisse de la production agricole, notamment des produits de rente (café, cacao, ...) depuis plus de 20 ans ;=le frein donné à l'industrialisation du pays à cause d'une insuffisance énergétique criarde ; =la déconfiture du système éducatif, autrefois modèle admiré et vanté en Afrique, actuellement le plus décrié ; =le chômage endémique des diplômés (et surtout de ceux de l'enseignement supérieur), dont plus de 90% se retrouvent sans emploi, entraînant l'exode massif et inexorable des cerveaux depuis une vingtaine d'années ;=la décrépitude du système de santé malgré les moyens colossaux injectés par les partenaires au développement ;=le réseau routier à plus de 70% impraticable pendant la saison des pluies, engendrant l'enclavement de plus de la moitié du territoire pendant de longs mois dans l'année ;=la paupérisation inexorable des populations et surtout des masses paysannes, pendant que la plupart des hauts fonctionnaires détenteurs du pouvoir s'embourgeoisent avec ostentation ;=l'exode rural, vecteur de la taudisation rampante des agglomérations urbaines, du grand banditisme et de l'insécurité dans les villes ;=la corruption et les détournements de deniers publics qui se manifestent par l'enrichissement illicite ; ils sont devenus un des fléaux majeurs de la société.Il ne s'agit pas d'une énumération à la Prévert, mais ces quelques points permettent de se rendre compte de l'étendue du désastre.

Arrêtons nous un instant sur un seul de ces points, à savoir la corruption et les détournements des deniers publics.La corruption et les détournements des deniers publics Lutter contre la corruption et les détournements des deniers publics, ce noble et respectable combat, applaudi des deux mains, avec force et enthousiasme, ne pouvait qu'emporter l'adhésion massive d'un peuple au rancart. Mais pourquoi diantre, avoir attendu plus de 15 ans au pouvoir avant de lancer enfin cette campagne de lutte contre la corruption et les détournements des deniers publics à la fin des années 90 ? Suspendue sans la moindre explication en 1999, elle est reprise seulement en 2006, sous la pression des bailleurs de fonds, alors que tous les clignotants étaient au rouge depuis les années 83-84. En effet en 1987, au cours d'une des très rares interviews accordées à un média local en 27 ans de règne, à la question d'un célèbre journaliste télé lui demandant pourquoi les poursuites n'étaient jamais engagées contre les détourneurs de fonds publics, le prince répondit avec aplomb et agressivité par une question en retour : "avez-vous des preuves ?" Qu'est ce qui justifie finalement le déclenchement et la conduite d'une opération "Epervier" à tête chercheuse qui, non seulement fait le tri des justiciables selon leur docilité au prince, au nom du sacro-saint principe de l'opportunité des poursuites, mais condamne contre les évidences en appliquant des traitements discriminatoires aux victimes tombées dans les mailles du justicier ? Le credo actuellement en vogue est que M. Biya a lancé une lutte sans merci contre les fléaux que sont la corruption et les détournements des deniers publics. Pour y voir plus clair, passons en revue les personnalités prises dans les mailles du filet de M. Biya.T. Edzoa : (64 ans), ce professeur agrégé de chirurgie, Grand Maître dans l'Ordre mystique de la Rose Croix, a officié pendant plus d'une décennie en qualité de médecin personnel et de confident de M. Biya. Fidèle parmi les fidèles, tout puissant ministre Secrétaire Général de la Présidence de la République au milieu des années 90, il finit par être piégé par le prince. En effet, s'étant laissé berner par son mentor qui lui faisait croire que sa succession était ouverte, T Edzoa imprudemment, annonça officiellement en 1996 sa candidature à l'élection présidentielle de 1997. Par ailleurs, il avait osé effleurer la question de la gestion opaque de la Société Nationale des Hydrocarbures (Snh) dont il pouvait pourtant parler avec autorité pour en avoir été le Président du Conseil d'Administration (Pca) quelques mois plus tôt. Dès lors commença son long et terrible chemin de croix avec comme point d'orgue, son inculpation pour détournement de deniers publics en 1997. Immédiatement incarcéré, il s'en tira notamment avec une condamnation à 15 ans d'emprisonnement ferme et confiscation de tous ses biens pour avoir été, prétend-on, l'auteur d'un détournement de fonds publics à hauteur de 335 millions de Fcfa. Il croupit toujours dans les geôles humides et obscures des sous-sols de la Gendarmerie Nationale à Yaoundé. D'autres chefs d'accusation restent pendants devant les juridictions.A l'époque des faits, le célèbre écrivain Mongo Beti, véritable conscience nationale, commentant cette situation pour le moins insolite dans l'environnement local, s'écria en ces termes : "depuis quand met on les gens en prison au Cameroun pour avoir détourné les deniers publics ? N'est-ce pas le sport favori des Camerounais dans l'exercice du pouvoir ?". Après cette réflexion, accumulant démêlé sur démêlé avec les hommes au pouvoir, il s'est tu pour l'éternité. L'y a- t-on aidé?P D Engo : (68 ans), ce brillant administrateur civil principal, originaire de la même région que M. Biya, est nommé au gouvernement 1979. Confirmé au poste de ministre de l'économie et du plan à l'arrivée au pouvoir de M. Biya, il en est bientôt remercié moins d'un an plus tard. Il est néanmoins placé à la tête de la Caisse Nationale de Prévoyance Sociale (Cnps) qu'il dirige pendant plus de 15 ans à partir de 1983. Ce tiroir-caisse de l'Etat, en plus des missions officielles, supplée fréquemment le trésor public dans le paiement des salaires des fonctionnaires et autres dépenses de souveraineté, en raison de l'effondrement des finances publiques. Membre du bureau politique, instance suprême du parti au pouvoir, P D Engo était perçu comme un proche de M. Biya quand il a la malencontreuse idée de créer et d'animer une association destinée à perpétuer la mémoire de Martin Paul Samba, grand résistant camerounais assassiné par la colonisation allemande au début du vingtième siècle. Le dynamisme de cette fondation, qui finit par faire de l'ombre à M. Biya dans son propre fief, devient un motif d'agacement pour le prince. La goutte d'eau qui fait déborder le vase viendra de l'opposition de P D Engo à la braderie de la Cnps à un réseau mafieux corse appartenant à un ancien ministre français de l'intérieur dans les gouvernements de cohabitation. Le soutien de ce dernier à M. Biya a puissamment contribué à sauver son fauteuil présidentiel. Le prince décide alors d'éjecter P.D Engo de son poste de DG/Cnps pour le remplacer par son propre neveu. Ce dernier se charge de confectionner des dossiers accablants contre son prédécesseur. La cascade de procès qui en résultent verra P D Engo accusé puis condamné à 10 et à 15 ans de prison ferme assortie de la confiscation des biens dans deux affaires de complicité de détournement de deniers publics. Il séjourne à la prison centrale de Yaoundé de sinistre réputation depuis 1999, en proie à l'assaut de l'insalubrité et à la maltraitance carcérale. Entre temps son successeur à la tête de la Cnps, le neveu de M. Biya dont les frasques et le goût de l'ostentation ne sont pas mystère, après avoir creusé les déficits de l'organisme, a été promu Ministre de l'économie et du Plan.

LE CAMEROUN ENCORE LOGE A MAUVAISE ENSEIGNE EN MATIERE DE CORRUPTION DANS LE MONDE

Baromètre de Transparency International l'épingle comme l'un des pays les plus affectés au monde. La justice et la fonction publique étant les secteurs les plus exposés. Les faits La sentence est sans appel : " Selon le Baromètre, les pays les plus affectés par la corruption, selon leurs citoyens, sont notamment le Cameroun, le Liberia, l'Ouganda, la Sierra Leone ", peut-on lire à la page 7 de la dernière livraison du Baromètre mondial de la corruption. Le sondage effectué auprès des compatriotes sélectionnés pour l'exercice de l'organisation non gouvernementale Transparency International (TI), indique clairement que le Cameroun reste l'un des pays les plus affectés par le fléau. Plus de la moitié (55%) des personnes interrogées estime avoir versé un pot-de-vin au cours des douze derniers mois, si ce n'est un de leurs proches. A ce pourcentage, le Cameroun fait jeu égal avec l'Ouganda ; les deux pays n'étant devancés que par le Libéria (87%) et la Sierra Leone (62%). Une habitude qui a la peau dure chez les Camerounais, dans la mesure où plus de 64% des sondés se disent disposés à " tchoko " pour bénéficier d'une prestation auprès d'une entreprise éloignée de cette pratique. Le baromètre 2009 de TI confirme que, en matière de corruption, le Cameroun a mal à sa justice. En recueillant la plus mauvaise note attribuée aux six secteurs et institutions retenus, soit 4,5 – à la dernière note (5) est accolé le qualificatif " extrêmement corrompu " -, le secteur judiciaire donne une impression désastreuse à 34% des Camerounais interrogés.

Justice inaccessible D'où, probablement, le peu d'engouement des victimes à dénoncer les pots-de-vin, à cause notamment d'une justice inaccessible. En Afrique subsaharienne, souligne le Baromètre, plus du tiers des sondés trouvent les procédures de plaintes pour corruption trop lourdes. TI en conclut que, de manière générale, " le signalement des cas de corruption atteint des niveaux excessivement bas " dans le monde. Dans ce tableau noir, la justice camerounaise est talonnée par la fonction publique qui, avec une note de 4,3, enregistre une perception peu reluisante auprès de 35% des sondés. Suivent dans ce classement peu honorable, les formations politiques (4,1), le parlement (4), le secteur privé (3,7) et les médias (3,5). L'étude montre que plus une institution est quotidiennement au contact de la population, plus elle est exposée à la petite corruption. Ce qui est forcement le cas de la police que le document de TI omet d'indiquer dans quelle rubrique (justice ou fonction publique) la classer pour, dans le contexte local, mesurer son exposition à ce fléau. La corruption de la police s'observe d'ailleurs, avec plus ou moins d'acuité, sous toutes les latitudes. Ce qui pourrait expliquer le manque de résultat dans la traque du phénomène. L'inefficacité des actions de lutte contre la corruption, d'après TI, est une tendance mondiale. Au Cameroun, 63% des sondés n'ont pas confiance en la capacité du gouvernement à combattre le phénomène. Un constat qui ne diffère pas de ce qui s'observe en Afrique subsaharienne (64%).

LES DETOURNEMENTS PRENNENT PLUS D'AMPLEUR AU FIL DU TEMPS

L'argent, une malédiction pour les Camerounais ?
" A voir ce qui se passe au Cameroun aujourd'hui on est tenté de conclure que l' Opération épervier lancée le 21 février 2006 avec l'arrestation spectaculaire de quelques barons du régime, n'émeut plus personne, ou du moins on serait en train de passer à côté de la plaque ", lance amère un habitant de Douala accouru comme de nombreux autres à la Trésorerie générale le 20 juillet dernier pour s'enquérir de la situation qui prévaut en ce lieu au lendemain de la nouvelle de la disparition du caissier principal de cette institution avec près de trois milliards dans sa gibecière.
Mise sur pied dans le but d'assainir les mœurs publiques et par delà, dissuader d'éventuels candidats aux détournements des fonds publics, l'" Opération Epervier " dite également " Opération mains propres " continue, certes, à planer telle une épée de Damoclès sur la tête des gestionnaires indélicats de la fortune publique. Mais elle n'a jusqu'ici pas produit l'effet dissuasif escompté, de l'avis des Camerounais.
Nourrissant leur argumentaire du fait que les gestionnaires des deniers publics ne manquent toujours pas de se servir au détriment du contribuable camerounais quand l'occasion se présente. Quoique la tactique ait quelque peu évolué ou changé : on se sert et on prend tranquillement la poudre d'escampette. Contrairement à ce qui avait cours avant l'avénement de l'opération mains propres initiée par le Président Paul Biya, sous la pression, disent certains, des bailleurs de fonds. Jadis ces voleurs de l'Etat se servaient et se mettaient à narguer impunément le bas peuple.

Un mal profond

Ce qui intrigue le plus, dit un expert comptable basé à Douala, c'est le fait que l'" Opération Epervier " ou le "

Tsunami " à la camerounaise, continue de faire son petit bonhomme de chemin avec à son actif des dizaines d'interpellations des détourneurs des biens de l'Etat dont celles de Jean Atangana Mebara, ancien ministre et ex-SG de la Présidence de la République , Polycarpe Abah Abah, ancien ministre de l'Economie et des Finances, Urbain Olanguena Awono, ex-Minsanté, Alphonse Siyam Siwé, ancien ministre de l'Eau et de l'Energie, Emmanuel Gérard Ondo Ndong, le tout-puissant ex-DG du FEICOM, Gilles Roger Belinga, ancien Directeur de la Société immobilière du Cameroun, Joseph Edou, ancien Directeur général du Crédit Foncier, Dr Maurice Feuzeu, ancien Coordonnateur du Comité National de Lutte contre le Sida, etc. Avec en prime le départ pour les prisons centrales de Kondengui (Yaoundé) ou New-Bell (Douala) d'une soixantaine de personnalités, selon une liste récemment publiée par Jeune Afrique économie.

Malheureusement, rien, absolument rien ne semble détourner les compatriotes de Paul Biya de la tentation de puiser dans les caisses de l'Etat. Des actes de détournements, de faux et usage de faux perdurent comme si de rien n'était, poursuit-il. En effet, de février 2006 (date du déclenchement de l'Opération Epervier) à nos jours, on a enregistré de nombreux cas de vols de la fortune de l'Etat. De même que les Camerounais ont assisté au démantèlement de réseaux de salaires fictifs, grâce à l'opération assainissement du fichier solde de l'Etat sur les rails depuis quelques années.

Les plus saillants de tous ces coups tordus restent incontestablement : le détournement il y a un an (en juillet 2007) d'une somme d'environ 260 millions de Fcfa destinée à l'organisation de l'examen national du Brevet de technicien supérieur (Bts) par le Directeur du développement de l'enseignement supérieur, Norbert Ndong ; le vol le 10 mai 2008 de 100 millions de Fcfa par l'agent comptable de l'Office céréalier de Garoua, Alioum Bappa Issa, qui a par la suite a eu tout le loisir de traverser la frontière et de se

réfugier dans un pays voisin selon des témoignages dignes de foi ; la distraction par des procédés dont seuls les auteurs ont la maîtrise, de 244 millions de francs CFA détournés à la trésorerie générale d'Ebolowa au début du mois de juillet dernier. A la Trésorerie générale de Ngaoundéré, c'est un réseau de salaires fictifs qui a été mis à nu il y a quelques mois. Aussi, M. Etogo Mbézélé, trésorier payeur général de Yaoundé n'a-t-il pas été arrêté en mars 2008 à Yaoundé en compagnie de son patron et mentor Abah Abah pour malversations financières ?
Et pendant qu'on épiloguait encore sur ces cas, voilà qu'à la Trésorerie
générale de Douala, c'est, selon des sources proches du dossier, un trou d'environ trois milliards de francs CFA découvert lors des opérations de contrôle menées ici depuis le mois de janvier qui est constaté. Et le caissier principal, Alhadji Toukour Ibrahim, reste introuvable depuis que le pot aux roses a été découvert le 19 juillet dernier. Selon des sources proches de l'enquête, l'infortuné et ses complices auraient réussi à entrer dans le serveur de la Trésorerie générale pour y effectuer des opérations en utilisant les noms d'autres employés impliqués ni de près ni de loin à toutes ces machinations.

Que des interrogations !

Du coup, quelques interrogations subsistent. Notamment celles de savoir si l'argent public est mal gardé au point d'être à la portée du premier venu. Qu'est-ce qui explique la recrudescence de ces actes répréhensibles, alors même que sévit plus que jamais l'oiseau vorace ? S'interroge ce doctorant à l'Université de Douala : " comment voulez-vous que les choses changent, ou que les Camerounais adoptent des comportements plus responsables face à la fortune publique ?

Quand on sait que ceux qui ont été mis sous mandat de dépôt pour indélicatesse avec les biens de l'Etat, en dehors de la privation de liberté, voient leurs affaires tourner à mille à l'heure, et occupent des cellules dotées de tout le confort possible. A cette allure, n'importe qu'elle famille sacrifierait un des siens pour sortir de la pauvreté au détriment de la masse ". Et de conclure sous forme de proposition " il faut que le gouvernement durcisse encore les sanctions, et surtout confisque et rapatrie les biens illégalement acquis ".
Selon les chiffres officiels, environ 2 000 milliards de CFA ont été détournés par la corruption au Cameroun entre 1997 et 2004. De l'argent qui aurait permis, selon les experts financiers, d'acheter au moins un bœing 777, construire 3 barrages hydroélectriques, 50 stades de football, et 100 gymnases sportifs, lancer deux satellites de communication, offrir un ordinateur à tous les étudiants réussissant le baccalauréat ou le GCE, construire 10 hôpitaux de référence, construire 1000 écoles primaires, accorder une bourse de 75 000 CFA par mois à tous les étudiants de l'enseignement supérieur.

UNE QUINZAINE DE CAISSIERS INTERPELLES A LA COMMUNAUTE URBAINE DE DOUALA

Plus d'une dizaine de personnes, des femmes surtout, ont passé la journée d'hier assis à la division régionale de la police judiciaire du Littoral à Bonanjo. Par vagues, elles entraient dans le bureau du chef de la division de la police judiciaire, le commissaire principal Vincent Minkoa Ngah où apprend-on, des enquêteurs étaient à pied d'œuvre.
La plupart a été suspendue en fin du mois de juillet à la Communauté urbaine de Douala, en liaison avec l'affaire de détournement de deniers publics. Aux environs de 15h, la nouvelle a circulé parmi les membres des familles qui, depuis le matin, attendaient anxieusement dans la cour de la structure. «Ils vont être déferrés au parquet dans quelques instants », indique une source. Apparemment, d'aucuns étaient psychologiquement préparés, puisqu'ils transportaient des draps et autres habits destinés aux sœurs retenus dans ces locaux de la police depuis le matin. Sone Makogé, ex-receveur municipal, Leonie Tete, ex-fondé de pouvoir et Maboua Madengué, ex-chef de la comptabilité de la Cud prennent alors place dans le car de la PJ. Ils sont suivis par la quinzaine de sous caissiers sortis du bureau du chef PJ. Quelques minutes après, ils redescendent tous du véhicule. «On les déférera plutôt demain, le procureur vient de demander 24h supplémentaire pour examiner ce dossier volumineux » confie à La Nouvelle Expression l'avocat d'un des mis en cause. Mais une trentaine de minutes plus tard, le muni bus de la police fait des manœuvre et vient se garer. Tous sont reconduits à bord. Direction, le parquet du TGI du Wouri. Là-bas, ils sont introduits dans le bâtiment. Une demi-heure va s'écouler. Puis ils vont ressortir pour s'engouffrer dans le véhicule. Certains pensent qu'ils vont prendre la direction de la prison de New-Bell. On apprend plutôt que le procureur de la République près le tribunal de grande instance ne disposait pas du temps matériel pour

gérer leur cas sur le champ. « C'était juste pour prorogation de la garde à vue de vingt quatre heures », révèle une source proche du dossier.

COMPLICITÉS PLUS ÉTENDUES

Les sous caissiers et ex-cadres seront ramenés dans les cellules de la PJ, pour attendre leur présentation au parquet ce matin. Selon un avocat, l'enquête préliminaire est bouclée au niveau de la police judiciaire et devra être transmise au procureur de la République. « Lequel va saisir le juge d'instruction. A son tour, celui-ci qui va signer éventuellement les mandats de détention provisoire pour la prison de New-Bell. Dans tous ces mouvements, ils étaient suivis par une bonne dizaine d'employés de la communauté urbaine de Douala, et surtout des membres de la famille inquiets. Surtout que certains d'entre les mis en cause ont été interpellés à la fin de la semaine dernière alors qu'ils étaient en train de voyager. «On a pris mon mari sur la route de Nkongsamba », explique une dame éplorée. Ces sous caissiers, majoritairement des dames, ont d'abord été convoqués vendredi dernier. Ils sont revenus hier, presque sereins qu'ils retourneraient à la maison. Des indiscrétions indiquent que certains ont accepté de combler le trou de caisse constaté dans leur service. De telles transactions ne seraient pas du ressort des enquêteurs. Les dernières informations font état de ce que les complicités sont plus étendues. Par conséquent, la liste des clients est loin d'être clause.

Des sources policières indiquent que leur liste a été communiquée à toutes les unités des forces de maintien de l'ordre, (aéroport, port, frontières du pays) pour éviter toute tentative de fuite. Les ex-cadres et sous caissiers de la Communauté urbaine de Douala sont soupçonnés de détournement de près de 3 milliards de Francs. Des indélicatesses de gestion mises à nu par le rapport de la commission conjointe Minatd-Minfi qui a séjourné dans cette structure, d'avril à juillet 2009.

CORRUPTION, GABEGIE ET DETOURNEMENT DANS LES LYCEES DU CAMEROUN

Celui d'Oyack à Douala s'apparente à un véritable centre commercial. Au regard de ce qui se passe dans les lycées, l'on peut croire que les décisions ministérielles ne sont que des paperasses pour enrichir les archives. Car, on se souvient de cette décision du Minesec interdisant la vente de tout matériel scolaire dans les établissements. Malheureusement, les proviseurs n'en font qu'à leur tête. Des arrêtés ministériels deviennent pour eux des autorisations commerciales. Au lycée d'Oyack par exemple, voici la formule magique pour se remplir les poches sur le dos des parents d'élèves : Contribution exigible-vente d'écusson-carte de liaison-taux informatique-vente de tenues de sport-contribution APE-vente des brochures-la carte d'identité scolaire.
Il suffit d'ajouter quelques prix que devront payer les parents et le tour est joué. Le lycée d'Oyack puisque nous nous intéresserons à lui, est un centre commercial où tout est vendu ; et où les clients qui ne sont rien d'autres que les parents d'élèves, sont contraints de tout acheter, sans rechigner au risque de ne pas avoir une place pour leur progéniture.

Arnaque

Pour voler de l'argent, il n'est plus nécessaire de prendre une arme à feu, de faire irruption chez quelqu'un et de tout dérober. Il existe une méthode moderne mise sur pied par nos proviseurs. La contribution exigible autrefois prévue par le gouvernement permettaient aux responsables d'établissements privés de prendre en charge les enseignants vacataires. Mais de nos jours, la réalité est tout autre. Cette contribution est devenue un fond consacré au budget de fonctionnement des établissements qui ont pourtant une dotation en crédit de fonctionnement dans le budget de l'Etat ; cela à la faveur des doubles facturations et détournements divers. Ensuite, on a poussé l'Association des parents d'élèves à lever les petits fonds pour soutenir le fonctionnement des établissements. Progressivement, ces fonds financent les salaires des enseignants vacataires et certains investissements de l'établissement.

Il faut noter qu'en l'espace de 3 ans, sans que le taux réel de contribution exigible fixée par l'Etat n'ait augmenté (7500 et 10 000 respectivement pour chaque cycle), le parent se retrouve en train de débourser plus que le double des frais qu'il payait il y a quatre ans pour inscrire son enfant au lycée d'Oyack. Ainsi, il débourse un minimum de 42000 Fcfa là où il aurait payé objectivement 12 500 Fcfa ou 15000 Fcfa.

En dehors des contributions des APE, il existe toujours dans ce lycée, d'autres sources de gains illicites d'argent. L'achat d'écusson devient obligatoire à chaque nouvelle inscription. Il devient impossible d'utiliser pendant deux années scolaires, un même écusson. Vendu à 1000 Fcfa la pièce, et avec un effectif avoisinant les 5000 élèves, cela fait environ 5 000 000 Fcfa à empocher. Un vrai butin que se partagent le proviseur et le prestataire de service.

Les carnets de liaison dont l'utilité est contestée deviennent eux aussi obligatoires pour chaque parent. Le carnet de correspondance est en effet une compilation de billets (sortie, entrée, exclusion, hôpital, consigne…) mise en forme et agrafé. Le taux des cours d'informatique est passé de 5000 Fcfa à 6000 Fcfa et pour cause, un éventuel accès à Internet. Pourtant les élèves sont rarement autorisés à surfer dans ces salles multimédia lorsque la connexion n'est pas médiocre. Il en est de même pour les tenues de sport dont l'achat est obligatoire à l'établissement et dont les couleurs varient selon les classes et par année. Ainsi il devient difficile voire impossible d'utiliser une même tenue pendant deux ans et il faudrait pour chaque année scolaire, une nouvelle tenue fixée à 3500 Fcfa.

Escroquerie

La vente des brochures ou livres d'orthographe à 2000 Fcfa est aussi obligatoire dans les lycées. Ce qui est étonnant c'est qu'au second cycle où on ne fait plus l'orthographe, ces manuels ne sont plus utiles mais les élèves du second cycle sont quand même contraints de l'acheter. Quelle escroquerie ! La confection des cartes d'identité se révèle aussi comme un gros business. Les frais de photo sont prélevés même si certains élèves ne retrouvent pas leur photo et finissent même souvent l'année sans carte d'identité. Lorsqu'on regarde la notice de renseignement du lycée d'Oyack de l'année scolaire 2007/2008 et celle de l'année 2009/2010, l'on constate de manière alarmante une augmentation de la scolarité d'une valeur de 18000 Fcfa . Cette situation est vraiment déplorable car vu la conjoncture économique qui sévit actuellement dans le pays, les lycées qui sont censés soutenir les parents à faibles revenus sont devenus des établissements d'escroquerie. L'aide qu'ils devraient apporter s'est transformée en supplice pour les parents pour qui la rentrée scolaire s'avère être un véritable calvaire .Tous ces taux forfaitaires sont payés directement à l'inscription et les parents n'ont guère le choix.

Face à ces tracasseries, le silence des pouvoirs publics est inquiétant. Il frise même la complicité. Et si des mesures fortes ne sont pas prises, nos lycées risquent se transformer en véritables jungles où seules les décisions suicidaires des proviseurs seront appliquées

LES ETABLISSEMENTS SCOLAIRES SONT DEVENUS DE VRAIS COMPTOIRS DE COMMERCE

I-Préliminaires. Les établissements scolaires publics se sont détournés de leurs missions originelles qui sont :

- Former les enfants et les adolescents en vue de leur épanouissement physique, intellectuel, civique et moral ;
- Développer leurs capacités intellectuelles ;
- développer leur personnalité et les préparer à assumer leur citoyenneté - faciliter leur intégration dans la vie sociale et professionnelle.Aujourd'hui, ceux qui ont en charge l'éducation des enfants, citoyens de demain, j'ai nommé les enseignants ont la tête, le cœur et le ventre dans la course à l'enrichissement illicite pour paraître, jouer aux élites dans leurs villages. Le poste de chef d'établissement scolaire, qui autrefois était le couronnement d'une longue carrière d'expérience, d'effort et de mérite suscitait l'admiration, de nos jours il crée plus de convoitise que d'émulation.

  Cette époque où les anciens par leurs talents servaient de modèle pour les jeunes qui faisaient leurs premiers pas dans la profession est bien révolue. A la tête des écoles et des lycées, les responsables passent leur temps à peaufiner des stratégies pour extorquer de l'argent aux parents en multipliant des frais d'inscription et distraire les fonds alloués au fonctionnement des structures. Les résultats scolaires sont le reflet du comportement et des prétentions de ces responsables impudiques qui volent à ciel ouvert. Ces résultats sont :- découragements et abandons scolaires des élèves - baisse croissante de niveau - échecs cuisants aux examens officiels - tripatouillages des notes aux examens - violences en milieux scolairesDans un tel contexte, quel avenir pour nos enfants ! Quel pays allons- nous leur laisser ? Il s'agit de nos enfants, ceux qui fréquentent ces établissements scolaires publics.

II le décret Présidentiel N° 2001/041 du 19 février 2001
Revenons sur ce décret sur lequel nous nous appuyons dans le document de campagne en circulation depuis le 02 juillet 2009 intitulé campagne de lutte contre l'escroquerie dans les établissements secondaires publics. Nous voulons que les parents s'approprient son slogan : nous avons la force du nombre, la certitude de notre bon droit, de notre côté la loi.Ce décret porte organisation des établissements scalaires publics et fixe les attributions des responsables de l'administration scolaire. On peut lire Article 8 et 19 : les établissments scolaires sont administrés par les Conseils d'Ecoles et d'EtablissementsArticle 23 : les Conseils sont des organes de libérations, de contrôle et d'évaluation du fonctionnement des établissements scolaires, maternels, primaires et secondaires.Article 20 : le Conseil est dirigé par un bureau à la tête duquel sont élus le Président et le Vice - PrésidentArticle 46 : les ressources financières des établissements scolaires publics sont des deniers publics. Elles comprennent - les dotations budgétaires de fonctionnement et d'investissement inscrits au budget du ministère en charge de l'Education Nationale - les contributions exigibles - les contributions volontaires des APEE /PTA etc Article 47 : les élèves des écoles primaires publiques sont exemptés des contributions annuelles exigibles Article 48 : (1) les élèves des autres niveaux d'enseignements s'acquittent de la contribution exigible (article 46 alinéa 2) (2) aucune autre contribution financière au matérielle ne peut leur être exigée.

III Commentaire Nous souhaitons que les parents, pour leur gouverne, retiennent ces six (06) articles qui nous donnent raisons de mener cette campagne de lutte contre cette arnaque qui a longtemps duré.Le décret présidentiel parle des contributions volontaires d'Association des Parents d'Elèves ; des contributions exigibles ; il précise sans équivoque à la fin qu'aucune autre contribution matérielle ou financière ne peut être exigée aux élèves. Les circulaires et instructions du MINESEC parlent, quant à elles des Association de Parents d'élèves et d'enseignants dont les contributions sont obligatoires à tous les élèves une fois le taux adopté en Assemblée Générale. Ces circulaires donnent également un caractère obligatoire aux frais d'informatique à tous les élèves. Depuis quand une circulaire est- elle au-dessus d'un décret et qui plus, va en contradiction avec ce dernier. Mais de tout ce qui précède, nous pouvons tout simplement noter le caractère illégal des actes signés par le ministre des enseignements secondaires.Au début de l'année scolaire 2006-2007, le Délégué régional des enseignements secondaires pour le Centre rappelait à l'ordre certains proviseurs qui, de façon insidieuse introduisaient les frais pour visites médicales, les livrets médicaux, les règlements intérieurs et les frais d'informatique. Il précisait que ces frais ne figurent nulle part dans la réglementation en vigueur. Outré le MINESEC sortit de sa réserve en signant des circulaires et des instructions à une fréquence qui trahit ses intentions : 19 Novembre 2007, 25 février 2008 15 août 2008 jour pourtant férié et chômé sur toute l'étendue du territoire national. L'instruction ministérielle du 19 novembre 2007 en son alinéa 3 stipule : les frais de contribution des élèves au projet pédagogique sont fixés à 5 000 fcfa maximum, au cours de la première année d'installation des équipements. Les années suivantes, ces frais sont réduits de moitié ». Combien d'établissements scolaires respectent cette disposition. La tendance est plutôt au maintien du taux d'informatique à 5 000 fcfa. Ajoutons à ce chapitre que les agréments des prestataires de services informatiques sont délivrés dans les services du ministre qui reviennent dans les lycées et collèges collecter les frais en question. Lasituation fait alors couler des vagues et amène le MINESEC à faire une mise au point dans le quotidien gouvernemental Cameroon-Tribune à l'intention de la communauté éducative. Il déclare : »Les frais informatiques prélevés lors des inscriptions à la rentrée scolaire ne sauraient être exigés aux parents d'élèves dans les établissements ne disposant pas d'une salle d'informatique équipée et fonctionnelle ». Ce qui veut dire que certains enfants bénéficieront de l'enseignement et d'autres pas. Ceci nous amène à nous poser d'autres questions : 1° quel serait le sort de ces enfants si la discipline était au programme des examens officiels ? 2° la logique des circulaires voudrait que les autres disciplines à l'instar des mathématiques soient aussi payantes. Vous voyez que ces décisions du ministre suscitent tant d'interrogations. Cet enseignement peut-il vraiment être efficace quand nous connaissons les difficultés des populations des zones rurales en matière de distribution d'énergie électrique si aléatoire et précaire. Rappelons-nous les émeutes d'Abong-Mbang qui ont fait des morts parmi les élèves. La cause, le problème de délestage. Les grandes villes même n'en sont pas épargnées. La situation réelle dans les lycées est la suivante : les élèves connaissent à peine le professeur d'informatique qu'ils n'ont aperçu que le temps de la prise de contact en début d'année scolaire. Dans les cahiers d'élèves on y voit quelques cours ; les élèves vous diront qu'ils n'ont jamais été dans la salle d'informatique. le taux de couverture du programme est presque nul. Pour le MINESEC, l'important est que la caisse soit renflouée.

Nous avons rencontré certains responsables des APE des lycées de la place qui nous ont fait cette confidence. Ils ont contactés des ONG qui sont disposées à équiper les établissments en ordinateurs, à installer, à assurer leur maintenance et à dispenser gratuitement les cours ; mais à condition de supprimer les frais d'informatique. Tous les proviseurs opposent une fin de non recevoir à cette initiative pourtant louable et salutaire pour les élèves et les parents qui seront ainsi soulagés.

IV Le récrutement Le parcours pour le recrutement d'un élève dans un établissement scolaire public est semé d'embûches de toutes sortes.Le recrutement en classe de 6e est une exclusivité de monsieur le proviseur et le taux est de 100 000 fcfa (cent mille francs). Pour les autres classes le taux est de 50 000 fcfa (cinquante mille francs). Les hommes de main recrutés dans l'entourage du proviseur essaiment la ville à la recherche des cas d'élèves en quête de place au lycée. Les membres du bureau d'APEE ne sont pas en reste. Les chefs de quartier de leur coté font prévaloir leur casquette ;ils dressent des listes des fils du quartier (autochtones notamment). Nous avons encore en mémoire ce conflit survenu entre le proviseur du lycée Leclerc et un chef de Ngoa Ekellé il y a deux ans par rapport au recrutement d'élèves. C'est la course aux « cas » ; il ya également ces fameux bordereaux qui viennent du ministère. Bref, c'est la «grande saison» pour les enseignants entend-on dire ici et là. Le parent qui réussit l'exploit de décrocher une place pour sa progéniture doit affronter les frais à plusieurs niveaux. 1- es frais exigibles prévus par le décret présidentiel : Premier cycle : 7 500 fcfa second cycle général : 10 000 CFASecond cycle technique : 15 000 fcfa 2- les circulaires du MINESEC : frais d'APEE 10 000 fcfa à 16 000 fcfa Frais d'informatique : 2 500 fcfa à 5 000 fcfa 3- au niveau du proviseur Frais de photo numérique : 1 000 fcfa Frais de carnet médical : 1 000 fcfa Frais de visite médical : 300 fcfa à 500fcfa Frais de règlement intérieur 1 000 fcfa Frais annuel de remise à niveau 5 000 fcfa à 20 000 fcfa Autres matériels : machette, houe, raclette, balai, serpillière, papier hygiénique, rame de papierFrais générés par la cantine scolaire, le petit marché autour du lycée.

4-niveau de l'intendant Frais de la liste des manuels scolaires 100 FCFA Frais d'écusson de la tenue scolaire 500f CFA Avec cette foultitude de frais, le parent en sort complètement dépouillé. Nous n'avons pas fait allusion aux frais d'examen.Au premier cycle où les frais exigibles sont de 7 500 fcfa, le parent débourse environ 27 000 fcfa ; au second cycle les fais exigibles sont de 10 000 fcfa .pour la classe de terminale, le parent casque 36 000 fcfa. Au lycée technique de NKolbisson, les frais annuels de remise à niveau 20 000 FCFA, APEE 15 000 fcfa, frais exigibles 15 000 fcfa, ajoutez à cela les autres frais vous comprenez quel est poids porte le parent pour l'éducation d'un seul enfant. C'est de véritables comptoirs de commerce. Et l'on peut aisément comprendre l'effervescence observée dans ces établissements à la rentrée scolaire. Le fonctionnement et l'investissement des établissements scolaires sont mis sur le dos des pauvres parents qui ploient sous le coup de la pauvreté ambiante. Alors que parallèlement à cette multitude de frais, il y a des dotations budgétaires octroyées à ces lycées dont on ne parle pas. Les responsables des services centraux du MINESEC lorgnent bien ce qui se passe et attendent impatiemment le retour de la rente qui permet d'assurer le maintien au poste. Tous ces argents sont concentrés autour d'un seul individu, le proviseur qui est l'ordonnateur des dépenses et juge de leur opportunité. La structure chargée d'administrer le lycée, le conseil d'établissement est muselée, manipulée, sert de faire-valoir quand elle existe. Les membres de cet organe ignorent même les textes qui régissent son fonctionnement. Les fonds alloués au conseil d'établissement sont tout simplement distraits et les dépenses justifiées par des fausses factures.

5- La situation dans les salles de classe

Les professeurs,
dernier maillon de la chaîne ne ratent pas la partie. Production et placement des polycopies et photocopies ; les élèves doivent prévoir à chaque séance d'EPS 100 fcfa pour une fiche photocopiée à 13F ; la maîtresse de couture exige à son tour 500 fcfa pour l'achat du matériel de couture. Le matériel qu'apporte un élève est refusé. Ceux qui ne se soumettent pas à ces caprices des professeurs sont inscrits dans « la liste noire ». Ils sont sous la menace permanente d'expulsion à la moindre faute, ce qui entraîne à la longue un cumul d'absences, synonyme de traduction au Conseil de discipline allant jusqu'à l'exclusion en fin d 'année sous le fallacieux prétexte de mauvaise conduite. L'élève est mis sous une pression, dans une ambiance qui ne permet pas son bon épanouissement. D'où ces résultats tant décriés que nous connaissons aujourd'hui. Le cynisme de ces enseignants les amène à exclure en fin d'année dans certains cas le 1/3 des effectifs en prévision du marchandage des mêmes places à la prochaine rentrée solaire.Doté ainsi du pouvoir financier que lui confère l'arrêté ministériel, le proviseur peut faire et défaire tout collaborateur qui ose s'attaquer à sa gestion, je dirais mieux à sa mangeoire. Il prend son dossier et entreprend « la route de sa destruction au ministère » pour emprunter l'expression si chère au proviseur du lycée de Tsinga. Dans le contexte actuel de notre pays où le vice et l'immoral sont la règle, un tel visage de nos établissements scolaires ne peut que susciter des appétits. Ainsi naît la course effrénée au poste de nomination. On est responsable parce qu'on veut s'offrir un niveau de vie princier, se hisser au rang de la grande bourgeoise corrompue, avec pour souci majeur les chantiers de construction duplex, châteaux, rouler dans de grosses voitures. Sans un zeste de patriotisme pour les filles et les fils du pays. Ces prédateurs, se nourrissent de la souffrance, de la misère, du sang du peuple

ne desserreront jamais l'étreinte, ils n'ont aucune pitié pour nous. Le peuple camerounais victime de ces abus doit savoir que l a société est régie par le rapport de force. Nous devons le construire en adhérant aux organisations où l'on apprend la culture de la lutte sociale. C'est ainsi qu'on pourra efficacement défendre nos droits. Dans sa sortie médiatique au quotidien Le Jour du 08 Juilet2009, le Délégué régional des enseignements secondaires déclarait entre autres : l'APEE vient en appui comme contribution des parents aux charges de l'éducation mais ne doit en aucun cas être la priorité de l'association. L'APEE n'est pas là pour construire des salles de classe, des clôtures. Elle doit construire ses bâtiments à part et fonctionner hors de l'établissement......Les multiples frais controversés sont des ruses pour bouffer de l'argent. Cette déclaration nous conforte dans notre démarche et notre position. Faisons bloc pour barrer la voie à ce vol qui a trop duré et qui nous a tant appauvris. Refusons de contribuer à l'enrichissement illicite des chefs d'établissements scolaires publics et leurs chefs hiérarchiques au cours de l'année scolaire 2009-2010 en s'acquittant seulement des frais statutaires exigibles. Ne contribuons pas à transformer nos établissements en comptoirs de commerce pour aider les directeurs, proviseurs et leurs supérieurs hiérarchiques à arrondir leurs fins de mois.

L'école N'est Plus Le Lieu De Fondation De La Moralite

LE DIRECTEUR D'ECOLE DETOURNE LES FRAIS D'EXAMEN DE SES ELEVES.

Huit élèves de l'école privée laïque bilingue «La volonté» à Douala ont découvert qu'ils n'étaient pas inscrits à l'examen mardi 15 juin.Mardi 15 juin dernier, quelques candidats au Certificat d'études primaires (Cep) ont eu quelques difficultés d'accès aux salles d'examens. La raison évoquée

par le président du centre de l'école primaire de Mboppi est que leurs noms ne figurent pas sur les listes. Ces élèves, huit au total, sont tous de l'école privée laïque bilingue «La volonté», située à la Cité de la paix non loin de l'entrée Camrail (Bp Cité) à Douala. Ayant accouru au centre d'examen, les parents n'ont pu rien obtenir. Ces derniers vont se déporter à la délégation départementale de l'Education de base pour le Wouri à Deido. «J'ai constaté que les noms qu'ils me donnaient ne figuraient pas sur les bordereaux. J'ai alors instruit à chacun des parents d'aller reverser de nouveaux frais (2.500 francs Cfa) au trésor public. Ensuite, j'ai pris des dispositions pour que les enfants composent», indique Elise Henriette Essamè, délégué départemental de l'Education de Base pour le Wouri.
Vérification faite, il a été établi que le directeur de l'école privée laïque bilingue «La volonté», Thomas Ngankou, n'a pas inscrit ces élèves. Celui qui assume également le rôle d'instituteur du cours moyen 2ème année (Cm2) est introuvable depuis lors. De même que la fondatrice de l'école, Christine Nsia. Et aux dernières nouvelles, la fondatrice serait à la recherche de son directeur. Bien qu'ayant finalement eu accès aux salles d'examens, et au vu du retard accusé lors de la constitution de leur dossier, les élèves ne sont pas sûrs que leurs copies seront corrigées. Le délégué de l'Education de base pour le Wouri, qui attire l'attention des parents pour les prochaines échéances, dit avoir «pris toutes les dispositions» pour leurs copies soient prises en compte. Le chef du centre d'examen a aussi donné toutes les assurances quant à la prise en compte des copies de ces gamins.

LE MAL EST A LA RACINE : LE RACKET DANS LES ETABLISSEMENTS SCOLAIRE EST L'EXERCICE FAVORI DES ENCADREURS. TENEZ PLUTOT :

Frais de séquences, frais de vidange de toilettes ou de cours de répétition, rames de papier… les astuces ne manquent pas pour récolter de l'argent. Pour de nombreux parents d'élèves de Yaoundé, la gratuité de l'école primaire au Cameroun relève encore d'une vue de l'esprit. Serge Ngankaing a inscrit deux enfants...

à l'école publique des Sources de Biyem-Assi pour l'année 2009/2010. Samedi 30 janvier 2010, comme tous les samedis du mois, cet ingénieur agronome a déboursé 400 Fcfa pour ses deux filles. Frais destinés aux cours de répétition du week-end. Auparavant, il a payé 10 000 Fcfa pour, dit-on, « les cours de répétitions journalières».

D'ici la fin de l'année, ce parent d'élève aura dépensé pour les cours de répétition, environ 150 000 Fcfa. Ce qui, d'après l'ingénieur agronome « pose le problème de la gratuité de l'école aujourd'hui au Cameroun ». A l'école publique de Nkomo, par exemple, le chef d'établissement a fait signer deux notes. Astucieuse, la directrice « informe les maîtres à stimuler les élèves de manière douce à payer la contribution de 100 Fcfa destiné à la vidange des toilettes de leur école ». (Note numéro 34 du 22 février 2008). Et les parents ont intérêts à s'y plier, faute de quoi : «Leurs enfants n'auront pas leurs bulletins de note », poursuit la note.

Dans le même ordre d'idée, la directrice tient à ce que : « Les frais de séquences par élève soient payés à hauteur de 2 000 Fcfa pour les niveaux I et II et 3 000 Fcfa au niveau 3 ». Comme Elise Ntoulou, de nombreux parents ayant inscrit leurs enfants dans cette école ont donné de la voix. Sans succès. Car, d'après la responsable de l'établissement, « si ces parents estiment que l'école est gratuite, pourquoi ne

demandent-ils pas à cet Etat d'acheter les fournitures scolaires à leurs enfants ? »
Les responsables de syndicat, eux, croient savoir pourquoi les chefs d'établissements multiplient des astuces pour récolter illégalement ce que l'Etat leur a refusé officiellement. D'après Laurent Essomba, le coordonnateur départemental du syndicat national unitaire des instituteurs et des professeurs des écoles normales (Snuipen), la difficulté viendrait du fait qu'il y a un manque d'organe de supervision des écoles. Le Conseil d'école créé en 2001 par la loi 041/du 19 février 2001, avait pour missions la supervision, le contrôle et l'évaluation du fonctionnement de ces écoles. 9 ans après sa création cependant, cet organe tarde à prendre corps.

Laurent Essomba : «Nous avons saisi le Premier ministre, la Conac, Transparency international...»

Le président du Syndicat national des instituteurs (Snuipen) parle des démarches entreprises .

Quelle solution a été trouvée aux doléances des parents d'élèves qui estiment que des chefs d'établissements leur exigent injustement de l'argent ?

Nous avons justement enregistré de nombreuses plaintes, allant de l'augmentation abusive des frais d'examen au paiement des cours. Les frais d'examen au Cep et au concours d'entrée en 6ème s'élèvent à 9 400 Fcfa. Rare sont les chefs d'établissement qui respectent cette donne. Le cas le plus flagrant, c'est celui de l'école publique du Camp Bové où les enfants ont versé 22 000 Fcfa de frais d'examen. A l'école publique d'Ekoumdoum, ainsi qu'à Nkomo, ils ont payé 12 000 Fcfa. A l'école privée Laruche, c'était 11 000 Fcfa. A l'école privée Noula, 15 000 Fcfa. La situation est pareille que ce soit à l'école publique d'Ekoudou à la

Briqueterie, ou encore à Nkolbisson. Les plus modestes prennent 10 000 Fcfa. C'est le cas par exemple de l'école maternelle et primaire annexe d'Essos. Certains de ces directeurs se livrent au faux timbrage compostage. D'autres sont de connivence avec les faussaires qui leur fabriquent des faux compostages. Ce qui crée un grand manque à gagner au trésor public. Nous avons décidé de porter le problème auprès des autorités compétentes. On s'est plaint auprès du Pm, du préfet du Mfoundi, de l'Anif, de la Conac, de Transparency international. On a commencé à les convoquer au Commissariat des renseignements généraux (Crg). Il faudrait que chacun réponde de ses actes.

Pourquoi certains chefs d'établissements continuent de fonctionner en marge de la réglementation?

Il y a d'abord un problème de suivi. Ceux qui créent les lois ne s'assurent pas de leur mise en application. Peut-être parce que leurs enfants ne fréquentent pas ces établissements. Le Conseil d'Ecole a été crée depuis 2001. Personne ne descend dans les écoles pour voir son effectivité. Je suis par exemple membre d'un Conseil d'école à Nkolndongo. Je l'ai découvert en passant par cette école. On ne m'a pas contacté. C'est injuste.

L'ÉCOLE CAMEROUNAISE EN « PRISON »

En l'espace d'une semaine, l'oiseau rapace a posé ses griffes sur ceux là qui devraient être les modèles, les guides et éclaireurs de l'école camerounaise. En procédant à l'arrestation de l'ancienne ministre de l'Education de base (Haman Adama), de l'ancienne secrétaire d'Etat des enseignements secondaires (Catherine Abena), le directeur des affaires générales (François Fouda), l'ex-directeur des examens et concours (Rouly Mbila), le chef de l'Etat Paul Biya comprend sur le tard (longtemps après les revendications et les mouvements d'humeurs des enseignants et des syndicats) que l'incurie, la mauvaise gouvernance, etc , ont depuis des années, fait leur lit au sein de l'école camerounaise. Dans cette vague d'interpellations où le système éducatif laisse des plumes, il ne reste qu'un seul maillon de la chaîne dans les Enseignements secondaires pour que la boucle soit bouclée.

Comment ne pas s'étonner de l'interpellation de la secrétaire d'Etat Catherine Abena, alors que le ministre ne semble pas inquiété ; certes, Louis Bapès Bapès a été entendu mainte fois à la CONAC de même qu'il a reçu la visite du Contrôle supérieur de l'Etat, selon nos sources. Mais dans la hiérarchie des pouvoirs, de quel poids pèse la signature d'un secrétaire d'Etat face à celle de son ministre ? A l'instar du ministère de l'Education de base, le ministère des Enseignements secondaires ont les plus importantes dotations du budget du Cameroun. par ailleurs, ces ministères sont gâtés par les fonds PPTE. Victor Hugo disait en parlant de l'école, « qu'une école qu'on ouvre, est une prison qu'on ferme ». Doit-on penser que l'école camerounaise, au lieu de libérer, est devenue une enclave de l'insécurité, de la gabegie et de l'incurie ? Un lieu où tout se monnaie, un espace où l'éthique a cédé la pas au « clinquant et au goût du lucre » ?

L'éducation en question

Depuis quelques années, nous avons assisté au Cameroun à des « rentrées scolaires spectacles ». Les descentes inopinées de Catherine Abena et Haman Adama dans leur prétendue croisade contre les détournements de fonds, les fraudes, la tricherie et toute forme de corruption en milieu scolaire, étaient fortement médiatisées. On se souvient que la ministre Haman Adama a pratiquement humilié certains directeurs d'écoles de la capitale politique du Cameroun, invoquant qu'ils étaient pris en flagrant délit de corruption. Dans les lycées et collèges, l'idée d'une descente sur le terrain de Catherine Abena avait des allures d'un cauchemar qui rendait les chefs d'établissements scolaires mal à l'aise. Tous redoutaient la secrétaire d'Etat qu'ils craignaient de rencontrer sur leur chemin. Assiste-t-on là à un retour du bâton ? Une chose est sûre : les arrestations seules ne suffisent pas. Le système éducatif camerounais en entier mérite d'être assaini.

Corruption : Les milieux d'affaires, tous pourris

La Conac a ouvert hier à Douala, un forum de trois jours qui vise à inverser la tendance.Les chiffres attestant la profondeur de la gangrène parlent d'eux-mêmes. Une enquête indépendante conjointement menée en 2007 par la Gtz, le Service néerlandais des volontaires (Snv), le Business Climate Survey (Bsc) et le Groupement inter-patronal du Cameroun (Gicam), révèle en effet que, sur un échantillon de 1052 entreprises, «un peu plus de 76 % des chefs d'entreprises interrogés ont affirmé que la corruption avait eu un impact négatif sur leurs activités, contre 73 % un an auparavant». Mieux, «49 % des chefs d'entreprises affirment avoir versé des pots-de-vin aux agents des Impôts, et 36 % déclarent verser un montant équivalent entre 1 et 5 % de leur chiffre d'affaires pour obtenir des services». Plus loin, probablement en référence aux nombreux déboires subis, «63 % des entreprises avouent n'avoir pas confiance au système judiciaire camerounais ; et 48 % de leurs responsables estiment que le cadre juridique affecte négativement leurs affaires...»En évoquant ces données lors de l'ouverture hier, 7 octobre 2009 à Douala, du forum sur la lutte contre la corruption dans le milieu des affaires au Cameroun, Paul Tessa a suscité une sorte d'émoi au sein d'un auditoire composé d'hommes d'affaires, de dirigeants de sociétés publiques et parapubliques, de cadres de l'administration publique, de hauts gradés de la police et de la gendarmerie, etc. «Regardons-nous sincèrement dans les yeux, reconnaissons en toute humilité que nous ne sommes pas tout à fait exempts de reproches, et engageons-nous à corriger nos faiblesses par l'instauration de l'intégrité dans les administrations et le milieu des affaires...», a indiqué le président de la Commission nationale anti-corruption (Conac). Mais la tâche, à en croire les acteurs interpellés, ne semble pas aussi simple que cela. La preuve, selon le président du Gicam, de nos jours, le reversement des commissions et autres pots-de-vin s'impose presque automatiquement aux opérateurs économiques du secteur privé. Lesquels, soutient Olivier Behlè, sont contraints de recourir à ces pratiques répréhensibles pour accélérer le rythme d'avance de leurs différents dossiers soumis à l'administration publique. Les soumissionnaires des marchés publics et les ordonnateurs de la dépense publique, sont ainsi pointés du doigt.Pots-de-vinEux qui, à travers les facturations et les mercuriales fantaisistes passent pour des acteurs clés du développement de la corruption au Cameroun. Que dire alors des régies financières (Impôts et Douanes), et de toutes ces lenteurs judiciaires et la complexité des procédures, qui débouchent généralement sur des dessous de table ? De tous ces maux, en tous cas, la Conac, les hommes d'affaires, Transparency International et le Pnud, ont fait un diagnostic sans complaisance à Douala. Parce que, a déclare Paul Tessa, «La qualité du climat des affaires est un défi permanent et une condition essentielle, voire sine qua non, dans le développement économique d'une nation». Le forum de Douala vise, en effet, au-delà de l'assainissement du climat des affaires et l'amélioration des conditions de création d'entreprises au Cameroun, à faire «l'état des lieux et l'examen des opportunités d'améliorer le Code des investissements» ; ainsi que «l'amélioration des dispositions existantes sur le plan fiscalo-douanier». Pour y parvenir, Olivier Behlè, lui, adhère pour la mise en place d'une véritable politique de sanctions, après avoir établi une sorte de «Code de comportement» et une réglementation de toutes les pratiques qui exposent à des risques de corruption. Ce qui implique, selon Paul Tessa, «la redynamisation de la plateforme permanente d'échanges et de concertation entre le secteur public et le secteur privé».A en croire Charles Nguini, président de la branche camerounaise de Transparency International, au Cameroun, «La corruption fausse le jeu de la concurrence et augmente le coût des transactions». D'où cette volonté, à travers le forum de

Douala, de mettre les milieux d'affaires locaux en confiance et, pourquoi pas, d'encourager plus d'investisseurs étrangers à emprunter la direction Cameroun. Le rapport général et les recommandations issus des travaux qui s'achèvent ce vendredi, 9 octobre 2009, seront transmis au président de la République, annonce-t-on à la Conac.

Menaces de crise alimentaire à cause de la corruption
D'après une enquête du gouvernement de Yaoundé, la corruption menace d'entraîner une crise alimentaire dans le pays. Les détournements de fonds sont importants au sein du ministère de l'Agriculture. D'après la Commission nationale chargée de la lutte anti-corruption (Conac), des fonctionnaires auraient détourné près de deux milliards de francs CFA, environ trois millions d'euros. Cet argent était destiné à subventionner la production de maïs qui est la céréale la plus consommée par les Camerounais.

Dans son rapport, la Conac demande des poursuites pénales contre 47 membres du ministère de l'Agriculture. Selon la même commission, il s'agit d'un « vaste scandale sur la gestion du financement du programme national d'aide à la production de maïs » dont les effets pourraient peser sur l'équilibre alimentaire au Cameroun et « provoquer une agitation sociale avec des conséquences imprévisibles ».
L'Association des citoyens pour la défense des intérêts collectifs (ACDIC) avait déjà dans le passé tiré la sonnette d'alarme. Cette ONG avait prévenu, il y a un an, que le Cameroun allait droit dans le mur, estimant que la corruption risquait de provoquer une crise.
Le président de l'ACDIC, Bernard Ngonja, avait été arrêté et molesté, en décembre dernier, car il avait osé le crier haut et fort lors d'une manifestation. Il a déclaré à RFI que ce rapport de la Commission nationale anti-corruption (Conac) vient donc confirmer ce qu'il disait il y a plusieurs mois. Bernard Ngonja affirme que « ce ne sont pas simplement les 47 fonctionnaires qui sont fautifs » et ce n'est pas seulement le « Programme maïs qui est victime de cette maladie qui est la corruption et les détournements ». Il a ajouté que tous les programmes du ministère de l'Agriculture et du Développement rural « souffrent de la mauvaise gouvernance ».

Enquête sur un détournement de fonds publics
La justice camerounaise s'intéresse de très près à l'utilisation des fonds débloqués pour la communication à l'occasion de la récente visite du Pape Benoit XVI à Yaoundé. Il s'agit d'une enveloppe globale dépassant les 700 millions de francs CFA, près d'un million d'euros. Une partie de cet argent aurait été versée sur le compte personnel du ministre de la Communication.

C'est à la demande du président de la République Paul Biya qu'une information judiciaire vient d'être ouverte à Yaoundé concernant ce cas de détournement supposé de fonds publics. La police judiciaire mène l'enquête et des auditions sont prévues, à commencer par celle de Jean-Pierre Biyiti bi Essam. Le ministre de la Communication va devoir s'expliquer sur cette somme de 130 millions de francs CFA, près de 198 000 euros, versés sur son compte bancaire personnel.

Plusieurs autres personnes seront également entendues afin de savoir qui a bénéficié de ces fonds publics. Au terme des auditions, la police transmettra son rapport et ses procès verbaux à la justice qui n'exclut pas, déjà, la possibilité d'un détournement de deniers publics.

Pour sa défense, Jean-Pierre Biyiti bi Essam assure que c'est par sécurité que ces 130 millions de francs CFA étaient placés sur son compte en banque. Mais le ministre ne devrait pas ignorer ce que des juristes viennent de rappeler : il existe des textes qui interdisent formellement le dépôt de fonds publics sur des comptes privés.

En ordonnant l'ouverture de cette information judiciaire, le chef de l'Etat a demandé qu'il n'y ait pas d'interpellations. Mais ce n'est pas la première fois qu'un haut responsable camerounais est ainsi inquiété, avant d'être formellement arrêté.

Les forces armees ne sont pas des restes. Tel temoigne l'intervention d'une diplomate a Yaounde

Je voudrais tout d'abord exprimer mes sincères remerciements à M. le Ministre, qui a accepté de se joindre à moi pour l'ouverture des travaux. Votre présence ici ce jour atteste que nombreux sont ceux qui, au sein du Gouvernement camerounais, reconnaissent que la corruption constitue une grave menace contre la nation camerounaise, le bien-être de votre peuple, la santé de votre économie, l'intégrité de vos institutions, et, fondamentalement, la stabilité future de votre pays. Votre présence est un témoignage encourageant de votre engagement à combattre cette corruption invalidante qui a retardé votre pays pendant trop longtemps.

Attardons-nous un instant sur les forces armées. Dans chaque pays à travers le monde, y compris dans mon propre pays, le secret et la sensibilité qui entourent nécessairement les budgets de la défense favorisent également la corruption et les détournements. Le Cameroun n'en est pas épargné.

Pour honorer leur service, protéger le Cameroun contre des menaces à Bakassi et les bandits le long des vastes frontières du Cameroun, des attaques en haute mer et d'autres défis sécuritaires, les forces armées du Cameroun devront puiser dans leur potentiel le plus élevé. Imaginez un seul instant à quel point il serait affreux que le Cameroun, après avoir retrouvé son autorité sur la Péninsule de Bakassi grâce à un sens élevé de patriotisme et de diplomatie, voit cette victoire ternie par des attaques, des actes de violence et une mauvaise gestion dans la péninsule, une fois celle-ci récupérée par le Cameroun.

A moins qu'elles ne fournissent le maximum de leurs efforts, les forces armées du Cameroun ne pourront pas accomplir leurs missions, à moins que le budget de l'armée ne soit correctement réparti et ne tienne compte des besoins en termes de formation et de maintenance, et que les sommes déboursées parviennent aux soldats qui sont sur le terrain, au lieu que certains fonctionnaires corrompus se remplissent les poches avec cet argent.

Je sais ce que beaucoup de membres des forces armées du Cameroun disent au sujet de la corruption, parce qu'ils me l'ont dit à moi. Ils disent qu'il est normal que les hauts fonctionnaires rongent le budget militaire pour construire des maisons de luxe ou offrir de grandes agapes. Ils disent qu'il est normal que les soldats qui sont sur le terrain, qui risquent leurs vies pour protéger la sécurité de la nation, restent sans nourriture ni soins médicaux adéquats parce que l'argent ne leur parvient jamais.

D'aucuns disent être contre la corruption mais plutôt, lèvent les bras en signe de frustration et disent « Que puis-je faire ? C'est comme cela que les choses fonctionnent au Cameroun. »

Bien, à cela, je réponds : Les choses ne marcheront plus jamais de cette manière. La corruption ne fait pas partie de la culture du Cameroun. La corruption est une affliction, un acte de faiblesse et d'égoïsme qui se produit partout dans le monde. Mais au Cameroun, elle a des conséquences très néfastes.

Je ne fais pas de fausse illusion quant à ce qu'il faudra faire pour sauver le Cameroun de ce fléau. Des hommes et des femmes de courage devront faire passer avant eux-mêmes leur nation, penser à leurs enfants et aux générations futures. Ils devront risquer leurs vies pour faire ce qui, pour eux, est juste, refuser de s'engager dans la corruption et dénoncer ceux qui pillent les biens du peuple camerounais.

Mais si certains membres des forces armées du Cameroun ne sont pas assez patriotes pour faire passer leur pays avant leurs intérêts égoïstes et risquer leurs vies pour le bien-être de leur nation, qui le fera ? Les soldats du Cameroun se sont engagés volontairement à risquer leurs vies pour protéger leur pays sur le champ de bataille, faire face à des armes et à des attaques furtives. Maintenant ils doivent faire montre de

la même bravoure et du même courage pour résister à la corruption. Vous devez faire acte de courage et de bravoure pour mettre fin à la corruption au sein des forces armées et, ce faisant, sauver le Cameroun.
La République n'existe que de nom. L' armée couve sous les braises de non-dits. La paix est fragile : les institutions sont soumises à rude épreuve. Le Cameroun ne parvient pas à enrayer la rébellion qui progresse à petits pas, d'abord dans le Nord par la prise en otage des populations, ensuite à Limbé avec l'attaque des symboles de l'Etat ces derniers jours. Il y a des milices dont on ne parvient toujours pas à cerner les motivations, les « coupeurs de routes ». Plusieurs types d'exactions sont perpétrées au quotidien par les hommes en tenues. Des menaces à ciel ouvert sont brandies sur les médias qui osent défier l'ordre établi. Si, pour désamorcer la menace d'une guerre civile, le président Paul Biya promet des réformes politiques, sociales et économiques ; la classe politique, et quelques barons du parti au pouvoir , font de sa démission un préalable. Pénalisant toute l'économie nationale, la crise révèle la faiblesse d'un gouvernement étranglé par les institutions de bretton woods et dépendant d'un secteur para public qui exploite les ressources du pays sans participer à son développement : la fuite des capitaux et des cerveaux.

Mystification de la paix

Un des signes annonciateurs de la crise qui secoue le Cameroun depuis février 2008, se produisit en mai 2000 lorsque le président Paul Biya, lors d'une conférence de presse, indiqua qu'il ne pas pouvait être question de punir les militaires pourtant mis en cause dans le rapport d'une commission d'enquête, pour les détournements. Ce rapport stigmatisait le vieillissement des chefs d' Etat-major. Ne voyant pas cette intrusion d'un bon œil, les pressions des bidasses se sont accélérées pour avoir une mainmise sur ce qu'ils appellent leur chasse gardée.

L'armée républicaine !

Pour ne pas perdre la main, face à l'opinion publique qui attendait de grands chamboulements, il a paraphrasé Chirac en mai 2000, sur les réformes des armées : « Je veux faire de notre armée , une armée de métier» . Le chef suprême des Forces armées nationales du Cameroun, a promu à cette même période une dizaine d'officiers supérieurs au rang d'officiers généraux, c'était faire une armée de métiers taillée sur mesure . Paul Biya décida de ne donc pas mettre ses officiers généraux à la retraite. Pendant que le peuple boude en privé et des officiers subalternes sont prêts à en découdre, il paraphrase, lors d'un de ses multiples voyages à l'étranger le feu président Houphouët Boigny ;vous m'exigerez pas de « mettre mon armée contre moi-même... Je ne prendrai aucune sanction » avait-il conclu, pendant que le népotisme est érigé en valeur au sein de l'armée. Fort irrité des tensions qui prévalent sur le plan intérieur, un Paul Biya vieillissant, malade et dépassé, ne peut qu' avoir pour pilier son armée .
En Afrique, depuis les indépendances, les relations entretenues par les gouvernements et les populations avec leurs armées sont marquées par une dangereuse illusion. Déclarait Anatole Ayissi, dans Le Monde Diplomatique. L' Etat a cru que les forces de sécurité depuis 1958, après les émeutes indépendantistes, parce que armées, représenteraient ce robuste socle sur lequel reposeraient la paix et la stabilité du pouvoir politique, raison pour laquelle la moyenne d'âge des généraux est de soixante dix ans(70ans). On espérait qu'en cas de troubles graves les militaires, seule force sociale organisée et muette ,au sein d' un Etat décadent comme le Cameroun, pourraient légitimement s'ériger en sauveurs du pouvoir politique en péril.

Anatole Ayissi dans son article, citait le colonel Joseph Désiré Mobutu, qui justifiait sa prise de pouvoir par les armes en 1965 comme « un mal nécessaire... un acte correct, légitime, fondé et bienséant ». Ainsi le général Sani Abacha, en 1991, brisa-t-il brutalement l'élan du peuple nigérian vers la démocratie pluraliste et clama que sa seule ambition était de gouverner le Nigeria de manière « ferme » et... « humaine ». Par conséquent plusieurs « Apôtres » en camoufflets , ont utilisé ces arguties pour justifier l'irruption de la force militaire au cœur du pouvoir , Paul Biya n'ayant pas de dauphins supposés, laisse courir tous genres de guéguerres au sein des institutions. Car, déclarait-il qu'il ne pouvait pas laisser le Cameroun dans le chaos et entre les mains d'apprentis sorciers. L'armée étant son excroissance politique va-t-elle donner libre cours à une démocratie ?

Quand les armes changeront d'épaules Dès l'aube des années 1990 avec les mots d'ordre de villes mortes et de conférences nationales souveraines, il était devenu évident que l'implication des forcées armées dans la survie des Etats aux abois s'est accrue. Tous les dictateurs pour des raisons d'ordre public , trouvaient idoine de renforcer leur assise par les armes. Le nombre des recrutements militaires a quintuplé entre 1990 et 2008, au Cameroun. Et pourtant, il y a des secteurs clés du développement, qui ont un manque criard de personnel :santé, éducation. La solde des hommes armés a triplé en moins de dix ans !

Tandis que les fonctionnaires sont restés quinze ans sans avoir la moindre augmentation. Il devenait évident aussi que des soldats détournés de leur mission originelle et mis au service exclusif de l'autorité politique peuvent à tout moment se retourner contre « la divinité qui leur donne la manne ». Il s'est avéré que des hommes en tenue, à une certaine période de l'histoire, se sont retournés contre leurs maîtres du passé :Mauritanie, Centrafrique, Tchad, etc. La prise d'arme ou le déni de démocratie est devenu la nouvelle trouvailles des dictateurs en miniature : Kenya, Zimbabwe .

Il se trouve que mêmes les pays qui étaient stables ,comme ceux précédemment cités, polarisent l'attention de la communauté internationale.

Nous nous demandons si les prochains remous post électoraux, suscitant le partage du pouvoir, comme en Côte d'Ivoire, Kenya, Zimbabwe ,ne vont pas se répandre au Cameroun, Gabon, Tchad, etc ? Les Etats africains sont malades de leurs armées. Et les armées victimes de leurs Etats. Disait Anatole Ayissi. La perte du sens patriotique et la disparition de l' esprit de corps , le tribalisme, le favoritisme, ont notamment grandement porté préjudice à la dignité et à la crédibilité du soldat camerounais. Un officier supérieur camerounais à la retraite déclarait dans des médias à Yaoundé ce mois d'octobre 2008, que l'armée est victime d' un processus de « fragilisation »qui, à terme, conduit au malheur de ses effectifs, il manque selon lui, de leadership. La tentative de vol de la mallette du président, par sa grade rapprochée n'est-elle pas l'expression d'un rase bol ?

L'atout majeur des forces de défense, demeure l' esprit de corps comme le disait Napoléon. Il est né et s'est consolidé à travers les périodes de troubles, c'est dans ces lieux d'adversité où chaque fantassin, quels que soient son grade, son ethnie ou sa religion remet littéralement sa vie entre les mains de ses camarades d'armes. Une armée indisciplinée et divisée finit par devenir un danger pour elle-même, pour l'Etat et pour les citoyens qu'elle est censée protéger. Dans bien des pays africains, c'est au contraire l'esprit de clan et de caste qui domine au sein de forces armées ,n'étant unitaires et républicaines que de nom.

D'un côté émerge une armée de briscards , qui deviennent les maillons d' une sorte de complot entre les différents des bras séculiers de la nomenklatura ,où le pouvoir politique se sert de l'armée, et vice-versa. Au sommet de cette cohorte trônent des thuriféraires en uniforme, une minorité de hauts gradés, sauvagement embourgeoisés et incontournables.

Mais, s'il est vrai que la proximité entre pouvoir politique et militaire, a fait de ces derniers des nababs, des fedayins aux ordres des leviers de décisions, il n'en demeure pas moins que le moral des forces armées au Cameroun, est plus que pitoyable. Et, à côté des étoilés, il existe une autre armée tout au fond de l'échelle sociale de la nomenklatura militaire. Elle est faite de tous ces laissés-pour-compte en tenue, malheureux, pauvres qui sont en dissonance, avec un haut commandement riche et méprisant. Les fonctionnaires corrompus camerounais sont plus riches que les hommes d'affaires, par ailleurs les militaires pourris du Cameroun sont plus riches que les ministres.

La déliquescence des forces armées zaïroises, qui avait conduit à la misérable fin du président Mobutu, illustre cette naissance d'armées à deux vitesses, divisées, opposées et inégales , la règle qui prévaut pour le recrutement et plus encore pour l'encadrement des soldats étant souvent celle du clientélisme politico-ethnique , afin de les rendre plus sûrs et manipulables .Ainsi, les quelques centaines de militaires à l'origine de la mutinerie de Limbé ont été recrutés par le haut commandement actuel pour des raisons discrétionnaires .

Face à la précarité matérielle, à la discrimination et à l'exclusion, nombre de ces soldats laissés à la traîne basculent facilement de l'indigne statut d'honnêtes gueux en uniforme à celui, moins honorable mais beaucoup plus profitable, de bandits armés .A reprendre ce néologisme qu'on a trouvé pendant la guerre civile de Sierra Leone le « sobel » - « soldier and rebel » , une sorte de militaire hybride ayant la faculté d'être soldat le jour et rebelle gangster la nuit, c'est cette espèce qu'on retrouve le plus au sein de notre armée. Cette confusion qui ne dit pas son nom, laisse pantois !

Si la misère d'un citoyen civil peut demeurer un simple problème social, la misère morale d'un soldat en armes peut dégénérer en un défi politique propre à mettre en danger non seulement la survie du régime, mais également la paix et la stabilité de la société tout entière. Là réside l'extrême danger de la paupérisation dont certains sont victimes dans nos forces armées. Ce problème relève plus de l'encadrement civique . En Côte-d'Ivoire, les mutineries de décembre 1999 et de septembre 2002 eurent pour origine non pas des questions d'ordre politique, mais des revendications corporatistes : salaires, primes, casernes, promotions. Mais, au Cameroun les salaires sont encore assurés. Tout cela suffit-il à discipliner une armée où le vice et l'arbitraires, sont les grades les plus partagés ? Que faire de ces militaires médiocres et incontrôlables, dans un environnement délétère où les revendications civiles, bien qu'étant essentiellement alimentaires, sont une menace pour ce régime déjà fragilisé par les difficultés économiques ou les guerres de clans? Cette gâchette que Paul Biya braque sur le peuple camerounais, ne peut –elle pas se retourner contre lui?

C) Lutte contre la corruption : vulgate internationale ou sanction des indociles

La problématique de la lutte contre la corruption permet de décrypter ce qui se joue dans l'arène politique. Elle donne un sens à la politique. De ce fait, elle constitue une stratégie politique pour un système et un parti politique au pouvoir sans programmatique. Elle représente également un enjeu international pour les bailleurs de fonds. Car elle permet de saisir la captation des idées ou à la récupération par la classe dirigeante de la morale politique internationale dont le référentiel est la bonne gouvernance. Les acteurs politiques s'inscrivent alors dans une communauté de valeurs édictées par les bailleurs de fonds. Ils se positionnent dans un espace de jugement international qui leur est favorable en raison de l'initiation de cette lutte. En d'autres termes, elle leur offre l'opportunité de se conformer à la rhétorique internationale ou mieux au discours axiologique dont la matrice repose sur les valeurs démocratiques.

16

En outre, le traitement post-conflit initie la question de la lutte contre la corruption comme une problématique fondamentale qui revient à l'ordre du jour dans l'agenda politique. Depuis le classement du Cameroun par l'institution Transparency international cette lutte n'a jamais disparu de l'agenda gouvernemental. Les condamnations de Désiré Engo37 et de Mounchipou Saidou38 s'effectuent dans un environnement marqué par la décrédibilisation du Cameroun. Le 27 octobre 1999 le Cameroun est classé par Transparency International comme le pays le plus corrompu du monde pour la deuxième fois consécutive. En effet, le limogeage, puis la condamnation Mounchipou Saïdou, font suite aux injonctions des bailleurs de fonds à propos de la mauvaise gouvernance au Cameroun. La lutte contre la corruption a pour but de servir d'exemple afin de prouver la bonne foi des autorités camerounaises en matière de bonne gouvernance. Le fait d'écrouer un ministre servant à exprimer la volonté du pouvoir en place à adhérer aux normes internationales en vigueur. Les arrestations de 200639 quant à elles font suite à l'implication des Etats-Unis dans la lutte40. La sécurisation de leurs investissements passe par l'assainissement du système politique et institutionnel. La preuve est le fait pour l'ancien ambassadeur des Etats-Unis à Yaoundé Niels Marquadt de convoquer chaque fois l'article 66 de la constitution du 18 janvier 199641. Il demande que cet article soit mis en pratique. Le diplomate américain conseille même aux autorités camerounaises de créer un bureau d'investissement qui travaillerait en liaison avec le bureau d'éthique. Dans le cadre de la politique américaine, la lutte contre la corruption n'est pas à dissocier avec la lutte contre le terrorisme. La captation des ressources par certains acteurs pourrait conduire d'un côté au financement du terrorisme. Cette logique s'inscrit dans un contexte de

transnationationalisation des entrepreneurs de l'insécurité. D'un autre côté cet enrichissement illicite pourrait aboutir à terme à l'achat des armes en vue de la déstabilisation du régime au Cameroun. Dans la politique africaine des Etats-Unis (en termes de géopolitique et de
17
géostratégie dans le golfe de Guinée et le bassin du Congo), la stabilisation du Cameroun reste fondamentale en matière d'approvisionnement en ressources énergétiques. En plus, la prise du pouvoir par des acteurs inconnus de Washington constitue un risque et une incertitude politique pour les Etats-Unis.

L'opération Epervier42 ne déroge pas à cette stratégie politique. Elle est le résultat des émeutes de février dernier. Aussi, la lutte contre la corruption masque-t-elle les questions polémiques de conquête du pouvoir. D'un côté, elle sert à produire et à écarter les ennemis (Polycarpe Abah Abah et Atangana Mebara), plus globalement le « groupe des 11 ». La source du conflit politique ne porte pas fondamentalement sur les questions de détournements de deniers publics. Elle contribue au « nettoyage » des éventuels concurrents. Les condamnations représentent ainsi la sanction politique à l'égard de certains hommes politiques en déshonneur et en disgrâce. Ce sera le cas d'Edzoa Titus43. Il sera condamné à 15 ans de prison ferme pour détournement de deniers publics. Certains Camerounais pensent que cette condamnation fait suite aux velléités et à l'ardeur politiques que ce dernier commençait à exprimer à travers sa volonté de se présenter aux élections présidentielles de 1997. De ce fait, il aurait pu obstruer l'action du candidat Biya. Il décriait d'ailleurs la manière dont le Cameroun était géré. Ce qui portait un coup spécifique à la légitimité du régime que lui-même avait contribué à mettre en place. Par la suite, le limogeage et la condamnation de Pierre Désiré Engo semblent obéir à la même tactique politique. Il sera également condamné et emprisonné pour détournement de deniers publics. Dans le même fief du président Biya, sa tentative de positionnement personnel et politique constituait un obstacle pour le pouvoir en place. En clair, cette lutte survient dans ce cadre par à coup, par opportunité politique, en tant qu'elle représente un enjeu politique majeur au Cameroun en période de fin de règne.

Par ailleurs, cette lutte permet aux dirigeants de se légitimer. Leur désaveu des ennemis ou « des « prévaricateurs » communément appelés « voleurs » a pour visée finale de les présenter comme des fossoyeurs de l'Etat. La théorie du « bouc émissaire » contribue à les délégitimer afin de les montrer à la face du monde comme inaptes à la succession présidentielle44.

18

Enfin, la politique de lutte contre la corruption se conjugue entre dépolitisation et politisation de la corruption. La dépolitisation ne signifie pas l'extirpation de la problématique de la corruption de l'espace politique, ni sa sortie du politique. Elle est plutôt relative à son extension ou à sa prolongation dans l'espace social. Les dirigeants tentent de faire croire que les réponses à cette question sont l'émanation de la société. Cette pratique tend à inclure le peuple dans la condamnation des détourneurs de deniers publics. En conséquence, elle a pour but d'enrôler les citoyens dans cette entreprise. Pourtant, l'agenda gouvernemental et la mise en oeuvre de cette politique sont du ressort de la classe au pouvoir. En clair, ceci participe de la légitimation de l'action des dirigeants à l'encontre des prévenus. Cette lutte donne aux dirigeants d'engranger des gains politiques. Ces derniers acquièrent de ce fait un pouvoir symbolique. Toutefois, une controverse anime les adhérents et les non adhérents de cette politique, car certains « possédants » se situent aux antipodes de la chasse aux sorcières. Ces derniers se sentent visés directement ou indirectement (à travers les proches). En revanche, la quasi totalité du peuple se sentant spolié par des décennies de prédation souscrit à cette politique. L'objectif visé par les dirigeants, en « socialisant »[45] cette question est de déchaîner ou de la soumettre aux passions qui permettent de « crucifier » de manière symbolique » les « prévaricateurs ». Le débat est ainsi placé sous le plan éthique et moral. La lutte contre la corruption constitue donc l'une des seules politiques ayant créé un consensus ou mieux une cohésion (même erratique) entre gouvernants et gouvernés. Elle voile et occulte les insuffisances, les défaillances d'un mode de gouvernance fondé sur le « néo-patrimonialisme ».

Au fond, sans être tout à fait une concession faite au peuple après les émeutes de février, les arrestations relèvent d'une modalité de gouvernement. Ce qui suscite la mise à l'échafaud de certaines figures considérées par les populations et certains organes de presse comme des « symboles » des détournements des deniers publics. Leur inculpation et leur diabolisation s'assimilent à une sorte de catharsis pour le peuple et conduit les gouvernants à expurger leurs peines. Le traitement post conflit par les acteurs politiques use également de l'opportunité politique. Autrement dit, le maintien de Polycarpe Abah Abah, (comme si le pouvoir le poussait à la faute, en lui faisant croire qu'il était encore aux affaires), après

19

plusieurs revendications sociales et médiatiques demandant sa démission[46], de même que la longue attente précédant son arrestation est entretenue par les acteurs politiques. Cette pseudo confiance que le Président de la République place en cet acteur en le maintenant à son poste malgré les jérémiades du peuple relève d'une démarche d'instrumentalisation politique[47]. Par ailleurs, les dirigeants n'ont pas intérêt à se soumettre à la volonté du peuple qui est le limogeage de cet acteur. Car en tant que détenteur du pouvoir, ils définissent et sont maîtres de l'agenda politique. La réactivation des procédures d'arrestation après les émeutes de février 2008 est fondamentalement et éminemment politique. Dès lors, la solution de sortie de crise et la construction d'un consensus entre le peuple et la classe politique sont fondées sur la « mise à mort » des adversaires politiques.

LA CREME DE L'ELITE INTELLECTUELLE ET SOCIALE DANS LES GEOLES

CES BARONS DU REGIME DERRIERE LES BARREAUX

Ils sont pour l'essentiel des ministres et directeurs généraux, écroués pour détournements de deniers publics. Lancée par le président Paul Biya dans sa détermination à faire « rendre gorge » aux prévaricateurs de la fortune publique, l'opération Épervier a déjà fait beaucoup de victimes. Ministres, directeurs généraux, sous directeurs, cadres d'entreprises publiques, la liste s'agrandit au fil des jours.Avec une dizaine d'anciens ministres, une douzaine d'ex-directeurs généraux de sociétés d'Etat et plus d'une vingtaine de hauts responsables administratifs sous les verrous, le tableau de chasse d'Amadou Ali, le vice premier ministre, ministre de la Justice et Garde des sceaux, principal responsable judiciairedu dossier, bien que considérable, ne semble pas satisfaire l'opinion nationale qui en demande toujours. Pourtant, peu de pays au Sud du Sahara peuvent se targuer d'avoir aligné pareil bilan dans la lutte contre la corruption et les détournements de deniers publics.

Les Vip en question

A ce jour, rares sont les Camerounais qui se souviennent encore des premières arrestations, tellement le temps a passé et beaucoup d'eau a coulé sous les ponts. Des arrestations qui elles ne datent pas d'aujourd'hui. Certains ont même fini par entrer dans les oubliettes. Mais de façon ramassée, on peut citer : **Mounchipou Seidou**, ancien ministre des P et T ; **Pierre Désiré Engo**, ancien ministre et ancien patron de la Caisse nationale de prévoyance sociale (Cnps) ; **Dieudonné Angoula,** ancien directeur des Télécommunications (décédé); **Urbain Olanguena Awono**, 54 ans, ancien ministre de la Santé publique ; **Gérard Ondo Ndong**, ancien directeur du fonds d'équipement intercommunal ; **Jean-Marie Atangana Mebara**, 55 ans, ancien ministre d'Etat, secrétaire général de la présidence de la République ; **Polycarpe Abah Abah**, l'ex-ministre de l'Économie et des Finances ; **Titus Edzoa**, 64 ans, ancien ministre d'Etat, secrétaire général de la présidence de la République ; Michel **Atangana Abega**, 45 ans, ancien représentant au Cameroun de la Lyonnaise des eaux, homme d'affaires devenu conseiller d'Edzoa ; **Jérôme Mendouga,** ancien ambassadeur aux Usa et tout récemment, **Adama Haman,** ex-ministre de l'Education de base ; **Roger Ntongo Onguéné,** 51 ans, directeur général des Aéroports du Cameroun (Adc) ; **Henri Engoulou**, ancien ministre délégué aux finances en charge du Budget, et ses deux complices, **Me Lydienne Yen Eyoum**, avocate au barreau du Cameroun et **Me Célestin Baleng Maah, huissier de justice**.

Parmi ces Vip incarcérés à Kondengui, on retrouve aussi **Catherine Abena**, ancienne secrétaire d'Etat aux Enseignements secondaires qui, grâce à sa grève de la faim, est sous les feux de la rampe. A ses côtés, on retrouve également certains de ses anciens collaborateurs.

Dans les geôles de la prison centrale de New-bell, des détenus comme le colonel **Edouard Etonde Ekoto**, ancien président du conseil d'administration de la Société immobilière du Cameroun, **Zachaus Fordjindam**, ancien directeur du Chantier naval et industriel du Cameroun, et certains de ses collaborateurs, **Paul Ngamo Hamani,** ancien administrateur provisoire de la Cameroon Airlines, **Noah,** ancien directeur général adjoint du Port autonome de Douala et **Alphonse Siyam** Siewe, ancien ministre de l'Energie et directeur général du port autonome de Douala, détenu selon os informations, du côté de la légion de gendarmerie. Sans oublier certains de ses proches collaborateurs.

Transfiguration

Même si beaucoup attendent toujours d'être fixés sur leurs sorts, ils partagent le quotidien des autres prisonniers, bien que n'étant pas des prisonniers ordinaires. La preuve, ils logent dans des cellules dites « spéciales ». Sans complètement fondre dans le décor, ni se confondre avec les autres détenus, ils participent activement à la vie du pénitencier. Certains ont profité depuis leur arrivée dans les murs de la prison de Kondengui, pour se rapprocher de Dieu. Polycarpe Abah Abah, devenu depuis lors ancien de l'Eglise, participe aux prêches et à homélie dominicale. On se souvient en effet qu'après son éviction du gouvernement en 2007, Polycarpe Abah Abah s'était inscrit à la faculté de théologie protestante de Yaoundé. Son arrestation rocambolesque, puis son incarcération avaient mis un terme à ces études bibliques. La communauté protestante de la prison lui donne l'occasion de dire la Bonne Parole. A ses côtés on retrouve Pierre Désiré Engo, président du conseil paroissial catholique et Jean Marie Atangana Mebara, Urbain Olanguena Awono et Jérôme Mendouga.

La vie de ses barons du régime n'est pas à plaindre comme l'auraient cru certaines personnes. Nombreux sont ceux qui ont mis en pratique les conseils de Polycarpe Abah Abah, quand il soulignait que « le prisonnier ne doit pas forcément prendre son incarcération comme une damnation, la prison étant un lieu de pénitence. »

Selon des sources concordantes, Jean Marie Atangana Mebara et Polycarpe Abah Abah « tuent » souvent le temps en jouant au tennis avec des partenaires qui sont loin d'avoir leur rang social. Ils mettent tous la main à la poche quand il faut secourir financièrement un compagnon de malheur. Ondo Ndong quant à lui joue parfois à ses heures perdues au « Songo'o », sorte de jeu de dames qui se pratique à deux parfois un plus. D'autres par contre participent aux travaux d'intérêt communautaire, comme l'entretien et le

désherbage. La lecture fait également partie de leurs hobbies privilégiés. D'après nos sources, ils n'ont pas perdu leurs habitudes. Les formules de politesse telles que : « M. le directeur général ; Excellence monsieur le ministre », les distinguent des autres détenus. A en croire nos sources, les barons, pour l'essentiel, se comportent comme des victimes. D'autres espèrent même revenir aux affaires si leur innocence arrivait à être prouvée. Ils en veulent pour preuve, la présence dans l'actuel gouvernement des ministres qui avaient à une certaine époque, séjourné dans les différentes prisons du pays. Mais ce qu'ils semblent peut-être oublier, c'est que les affaires et les contextes ne sont pas les mêmes.
En jetant ainsi ses anciens collaborateurs en prison, pendant que le peuple exige plutôt la récupération des fonds détournés, Paul Biya se met ainsi sur le dos une nouvelle forme d'opposants qui, avec les milliards détournés, pourraient mener des actions de déstabilisation du Cameroun.

Les femmes dans la danse

Epouse du vice-président de l'Assemblée nationale, Théophile Baoro, elle est poursuivie pour coaction de détournement au Minedub. Au ministère des Mines, de l'Industrie et du Développement technologique (Minimidt) logé à l'immeuble rose à Yaoundé, le bureau du contrôleur financier est fermé. Et ce, depuis le 06 janvier dernier, date à laquelle Christine Azo'o Nkoulou épse Baoro qui occupe ce poste a été interpellée puis gardée à vue à la direction générale de la police judiciaire, avant d'être écrouée le lendemain à la prison centrale de Yaoundé. Avec sept autres personnes, elle est accusée, dans le cadre de l'opération Epervier, de détournement et coaction de détournement de deniers publics au ministère de l'Education de base (Minedub), où elle a travaillé pendant près de trois ans, avant d'être affecté au Minimidt. Mardi dernier déjà, Christine Baoro était devant le juge d'instruction du tribunal de grande instance du Mfoundi pour se défendre des faits qui lui sont reprochés. C'est en 1984 que Christine Baoro sort de l'Ecole nationale d'administration et de magistrature (Enam) comme inspectrice des impôts. Elle y aura côtoyé Edgard Alain Mebe Ngo'o, le ministre de la Défense, qui épousera plus tard sa sœur cadette, et Polycarpe Abah Abah, l'ancien ministre des Finances détenu à Kondengui depuis 2008 pour détournement de deniers publics. On l'a dit d'ailleurs très proche de ce dernier, depuis l'époque où elle a travaillé à la Direction générale des impôts alors qu'il en était le directeur général. Après sa sortie de l'Enam, Christine Baoro a en effet rejoint la Direction générale des impôts où elle s'occupe de la communication. En 2004, elle est nommée contrôleur financier au ministère de l'Education de base, et en 2007, elle est affectée à occuper le même poste au Minimitd. Des indiscrétions laissent entendre qu'entre elle et Haman Adama, l'ancien Minedub, les relations étaient tendues. Des mauvaises langues disent d'ailleurs que ce climat serait à l'origine de son affectation. Christine Azo'o Nkoulou, 51 ans, est par ailleurs l'épouse de Théophile Baoro, député Rdpc du Mbéré dans l'Adamaoua et 2ème vice-président de l'Assemblée nationale, avec qui elle a trois enfants. Stéphanie Dongmo

Après Gilles Roger Belinga, un autre magistrat municipal du même arrondissement est interpellé.Rosette Minlo, maire de la commune de Mengong, interpellée le vendredi, 08 janvier 2010 à Yaoundé dans le cadre de l'opération Epervier, est sortie de l'Ecole nationale d'administration et de magistrature (Enam) en 1981. Née le 09 août 1956 à Kongo, arrondissement de Sangmélima, Rosette Eboutou Akono, épouse Minlo, obtient son certificat d'étude primaire et élémentaire en 1967 à la mission catholique de Ngaoundéré. Après l'obtention du Bepc en 1972 au collège Saint Esprit de Douala, le probatoire A4 au collège Mazenot de Ngaoundéré en 1976 et le baccalauréat dans le même établissement en 1977, son parcours académique est sanctionné par une licence en droit, obtenu en 1981 à l'université de Yaoundé. Elle intègre aussitôt l'école nationale d'administration et de magistrature la même année, section administration des greffes et en sort nantie du diplôme d'administrateur des greffes. Commence alors une riche carrière professionnelle. Chef service des affaires judiciaires auprès des tribunaux de première et grande instance de Garoua entre 1982 et 1984, elle occupe les mêmes fonctions à Kribi de 1984 à 1988. Elle est ensuite nommée greffier en chef près la cour d'appel de Bertoua en 1988, puis elle est affectée à Ebolowa où elle occupe les mêmes fonctions entre 1992 et 1999. De 2000 à 2005, elle est contrôleur des finances à l'institut de recherche médicales et d'études des plantes médicinales, de 2005 à 2006, elle est affectée au ministère des enseignements secondaires, toujours comme contrôleur financier, et en 2007, au ministère des travaux publics. La même année, elle est élue maire de la commune de Mengong. Rosette Minlo est mariée et mère de quatre enfants.

Depuis son interpellation le 06 janvier dernier, frayeur et anxiété semblent s'être emparées de nombreux responsables de ce ministère.Mercredi 20 janvier 2010. Il est un peu plus de 13 heures. Des usagers se pressent aux portes des différents services du ministère de l'Education de Base. Certains s'impatientent devant un ascenseur qui tarde à s'ouvrir. A la porte 105 au 1er étage du Minedub, d'autres usagers, l'air tendu, attendent, une pile de documents à la main, d'être reçus par le sous-directeur du budget. « Ne perdez pas votre temps là. Elle n'est pas en place », répond un employé du ministère, avant de s'engouffrer dans un bureau voisin. Elle, en fait, c'est Nnoukou Annick épouse Malonga Isoa, 50 ans. Elle occupait jusqu'au 06 janvier au matin, la fonction de sous-directeur du Budget et du matériel au Minedub. Elle y travaillait depuis 2004, avant d'être interpellée et incarcérée à la prison centrale de Kondengui, ainsi que l'ex-ministre de l'Education de Base, Haman Adama, et six autres responsables de ce ministère. Au secrétariat du sous-directeur, le décor est resté le même depuis son départ. Ce mercredi 20 janvier, à l'entrée, un jeune homme affalé sur une chaise roulante dort à poings fermés. En face de lui, son collaborateur, est occupé à traiter des dossiers sur un ordinateur, alors qu'un troisième semble absorbé par la lecture d'un journal. Ici, le départ de l'ex-sous-directeur a laissé des traces. Notamment des dossiers qui sont traités en léger différé. Mais, on assure que tout va bien. « C'est un service public, l'absence d'un seul individu ne peut pas nuire à toute la chaîne », répond un collaborateur. Pourtant, les usagers, eux, attendent avec impatience la désignation d'un sous-directeur pour assurer l'intérim.Dans les couloirs du Minedub, l'incarcération du sous-directeur du Budget et du matériel, Nnoukou Annick épouse Malonga, continue de raviver les conversations. Certains sont à se demander comment cela a pu arriver. Alors que les nostalgiques regrettent déjà la belle époque, quand le ministère de l'Education de Base venait de voir le jour en 2004.

Fille de préfet, l'ex-Secrétaire d'Etat au Minesec, a quitté momentanément sa cellule de la prison de Kondengui pour des besoins de santé. De toutes les femmes incarcérées à la prison centrale de Kondengui dans le cadre de l'opération Epervier, Catherine Abena est la seule qui jouit encore de quelque liberté. Pour des raisons de santé, en fait, l'ex-Secrétaire d'Etat au ministère des Enseignements secondaires séjourne actuellement au pavillon «réanimation» de l'hôpital central de Yaoundé. En attendant de réintégrer la prison centrale de Yaoundé.Née le 20 mars 1954, Marie-Catherine Abena Eyenga rejoint le ministère des Enseignements secondaires le 08 décembre 2004. C'est la première ce poste nouvellement mis sur pied dans un ministère qui, lui aussi, vient d'être créé par décret présidentiel. Elle y travaillera en étroite collaboration avec le ministre des Enseignements secondaires, Louis Bapes Bapes, qu'elle accompagnera dans différentes missions. Sur la scène médiatique, elle est très tôt remarquée. D'abord pour sa sobriété et ses coiffures des années 60, mais aussi et surtout pour la solennité de son expression. Dans les milieux scolaires, on lui colle le pseudonyme de «Dame de fer». Ses visites inopinées dans les établissements scolaires et ses positions tranchées vis-à-vis de certaines responsables d'établissement finissent par irriter quelques fois. En 2008, Catherine Abena publie aux éditions Ccinia Communication un livre intitulé « Sur les traces de Pépé », un roman de 82 pages. La cérémonie de dédicace, très courue, a lieu à l'hôtel Hilton de Yaoundé. Des directeurs généraux, des ministres, des membres de sa famille, des amis et connaissances sont présents.L'auteure raconte l'histoire d'un « homme qui a marqué sa famille», qui a écrit l'histoire de son pays à sa manière. «Sa plume était sa manière d'être, de servir son pays.», selon ses propres expressions.Suite au remaniement du 30 juin 2009, Catherine Abena quitte le ministère des Enseignements secondaires. Elle est remplacée par Mounouna Foutsou. L'Epervier la rattrape alors qu'elle n'est plus aux affaires. Le 8 janvier 2010, elle est interpellée et mise sous mandat de dépôt à la prison centrale de Kondengui quelques jours après.Dans le milieu familial, Catherine Abena est connue comme «une femme dévouée à la foi chrétienne». Fille de Jacqueline Pauline Manga et de feu Hubert Claude Abena, administrateur civil et ancien sous-préfet, elle est mère de cinq enfants. Elle a été tour à tour chargée de mission et président du jury aux examens officiels, inspecteur national de pédagogie de français, chef de centre des ressources à Yaoundé, entre autres…

Interpellée dans le cadre de l'opération épervier, cette avocate a joué un rôle pour le moins trouble dans la liquidation de l'ex-Oncpb.Femme dans la quarantaine, Me Lydienne Eyoum est une avocate plutôt coriace. En 2008, l'avocate est au devant de la scène avec le procès Codilait où elle représente le ministère des Finances et la douane. Il lui était reproché, dans cette affaire, de multiples manigances pour empêcher l'Etat camerounais de recouvrer de manière volontaire les créances de la société Nestlé. Quelques mois plus tard, Me Lydienne Eyoum est encore sollicitée par l'ex ministre des Finances, Polycarpe Abah Abah, pour le recouvrement des créances de l'Etat. Des recouvrements liés cette fois-ci à la liquidation de l'ex-Oncpb. C'est d'ailleurs ce dossier qui est à l'origine de son interpellation le 08 janvier dernier à Yaoundé. Elle est accusée d'avoir détourné des créances de l'Etat, évaluées à près de deux milliards de francs Cfa, selon des sources policières.Femme de poigne, selon un de ses proches, Me Lydienne Eyoum roule sa bosse au barreau du Cameroun depuis plus d'une dizaine d'années. Son cabinet d'avocat, L.Y. Eyoum, fondé en 1989, est devenu Cabinet d'Avocats L.Y. Eyoum & Partners en 2003. Cette structure partenariale réunit des avocats, des juristes et des consultants de haut niveau, qui offrent une gamme complète de prestations en droit des affaires, tant au niveau national que sur le plan international, en droit administratif, en droit social, en contentieux d'arbitrage. Malgré la réputation plutôt enviable du cabinet de Me Eyoum, Le Front, dans son édition du 07 avril 2008, révélait que l'avocate « partagerait le secret de Polycarpe Abah Abah ». Selon le Front, Me Lydienne Eyoum serait l'une des femmes à qui l'ex ministre de l'Economie et des finances a confié certaines de ses affaires. D'où la qualification, selon le même journal, « d'avocate riche à plusieurs immeubles ».Les collaborateurs de Me Lydienne Yen Eyoum ont encore du mal à digérer l'arrestation de leur consoeur. Au cabinet de l'avocate, au quartier Bonanjo à Douala, aucun collaborateur ne veut s'exprimer sur la situation. Le visiteur est accueilli avec beaucoup de froideur, particulièrement les journalistes. Malgré cette situation difficile, l'atmosphère est un peu détendue ce lundi 18 janvier 2010, malgré l'absence de Me Eyoum. Quelques commerçants, assis autour du cabinet, déplorent déjà l'arrestation de celle qu'ils considèrent à la rue Victoria comme une « dame de fer ».

Affaire chantier navalRose MassotAffaire Feicom Roselyne Bityé Bi Ebanga : Ex-chef service de la comptabilité (20 ans de prison ferme) Bitye Bi Ebanga Roseline Bertille, 35 ans : 10 ans (Tgi 20 ans) Elle est l'une des rares personnes interpellées et placées sous mandat de dépôt le même jour, 21 février 2006, que l'ex- directeur général du Feicom. A 34 ans, elle est présentée comme une personne très proche de l'ex-Dg et a avoué s'être déplacée en France, pour convoyer des fonds lui appartenant. Des fonds destinés à un placement en banque à Monaco. Elle a défrayé la chronique lorsque son avocat, Me Biock, a révélé qu'elle faisait l'objet, nuitamment, d'une enquête parallèle dans le cabinet du vice Premier ministre en charge de la Justice. Elle a également mis au monde un petit garçon alors qu'elle était en détention à Kondengui. Recrutée au Feicom en 2001, elle est titulaire d'une maîtrise en gestion obtenue à l'université de Douala.

Ablavie Omballa : Ex agent de maîtrise (10 ans de prison ferme) Mme Omballa née Noviabla Ablavie K. Elisabeth, 41 ans : 10 ans (Tgi 10 ans) Placée sous mandat de dépôt le 14 mars 2006, Ablavie Omballa a été recrutée au Feicom et affectée à la division de la Coopération et de la communication. A 40 ans, elle a été condamnée pour avoir présenté un faux baccalauréat au moment de son recrutement. La somme des salaires perçus, alors qu'elle était en activité dans cette entreprise, a été considérée comme un détournement de deniers publics. Diplômée de l'Esstic en relations publiques Omballa est mère de quatre enfants. Angué Carine, 30 ans, (en fuite): 20 ans (Tgi 25 ans) Ngo Bayanack Clémentine, 38 ans : 10 ans (acquittée par le Tgi) Edjang Marie Carine, 35 ans : 10 ans (acquittée par le Tgi)Elessa Soppo Grâce, 47 ans : 10 ans (acquittée par le Tgi)Kooh Berthe, 50 ans : 20 ans (acquittée par le Tgi)Affaire CfcGeorgette Biabi épouse Foumena (Cabinet Foumena à Ngon) : Détournement de deniers publics 15 ansFélicité Ngongo D. épouse Tchoufa : Détournement de deniers publics 30 ans mandat d'arrêt

Jérôme Mendouga : Des rives du Potomac au grand micmac

L'ANCIEN AMBASSADEUR DU CAMEROUN AUX ETATS-UNIS D'AMERIQUE EST EN DETENTION DEPUIS LE 15 AVRIL DERNIER, QUELQUES MOIS APRES SON RETOUR AU PAYS.

Jérôme Mendouga, ancien ambassadeur du Cameroun aux Etats-Unis, a été arrêté par la rumeur bien avant que les éléments de la police camerounaise ne l'interpellent le 15 avril 2009. Dans son édition du 20 août 2008, le journal Le Messager faisait savoir que Jérôme Mendouga était activement recherché par les enquêteurs de la police judiciaire. Ceux-ci, depuis un moment, s'intéressaient à l'affaire de l'acquisition, en 2004, d'un nouvel avion par la présidence de la République du Cameroun : la fameuse affaire Albatros. Une affaire pour laquelle un certain nombre de personnalités ont été entendues à la direction de la police judiciaire.On a même prêté au diplomate l'intention de demander l'asile aux Etats-Unis d'Amérique, après qu'il a quitté, à la suite d'un décret présidentiel du 11 mars 2008, sa fonction d'ambassadeur dans ce pays. Surtout que les fuites d'information à la Dpj, largement exploitées par la presse, avaient permis de savoir que Jérôme Mendouga y était attendu par les enquêteurs. A-t-il vraiment tenté d'obtenir l'asile aux Etats-Unis pour échapper aux poursuites au Cameroun ou etait-ce un autre coup de la rumeur ? Toujours est-il que Jérôme Mendouga est revenu au bercail. Aussitôt, une certaine opinion le voyait déjà au fond d'un cachot. Lui, pourtant, semblait serein. L'ancien ambassadeur a même été aperçu à certaines cérémonies où sa qualité de fils et d'élite du Mfoundi l'invitait. Il est décoré en janvier 2009 par le ministre des Relations extérieures. Il est régulièrement aperçu au mont Febé où il fait des exercices physiques de maintien en forme. Il assiste à l'inhumation de la mère du ministre de la Femme et de la Famille, Suzanne Mbomback, le 13 décembre 2008. On le verra également le 24 janvier 2009 à Ngomedzap, où il assiste à la première messe de Mgr Joseph Befe Ateba depuis sa désignation comme évêque de Kribi. Une autre occasion pour que l'on reparle de cette fameuse affaire Albatros qui lui collait désormais à la peau. En fait, ce jour-là, le vice-Premier ministre, ministre de la Justice garde des sceaux, Amadou Ali, était également présent. Et dans les discours, à aucun moment, le nom de Jérôme Mendouga n'a été évoqué. Prémonitoire ?Toujours est-il que lorsque l'ancien ambassadeur du Cameroun aux Etats-Unis se rend chez le juge d'instruction Pascal Magnaguemabé au tribunal de grande instance de Yaoundé le 15 avril 2009, il semble n'avoir rien perdu de sa sérénité. Il y arrive en fin de matinée, l'air de celui qui n'avait qu'un tour à faire, qui devait, comme une dizaine de jours plus tôt, répondre à des questions du juge avant de rejoindre la tranquillité de son domicile. Après tout, n'était-il pas simplement appelé comme témoin dans cette affaire d'avion présidentiel pour laquelle Jean-Marie Atangana Mebara, Hubert Otele Essomba et d'autres étaient derrière les barreaux depuis un peu plus d'un an ? Les choses, pourtant, vont prendre une autre tournure. De l'audition chez le juge, il en sort un homme au statut différent. Non seulement il n'est plus simple témoin, mais surtout, il n'est plus libre de ses mouvements. Ce jour-là, Jérôme Mendouga est inculpé pour coaction de détournement de deniers publics. On parle d'une somme de 750 millions de Fcfa dans l'affaire de l'avion présidentiel. Le juge d'instruction lui décerne un mandat de détention préventive. Il est transféré à Kondengui dans un pick-up blanc double cabine appartenant à la Gendarmerie nationale. Le nouveau pensionnaire de la prison centrale de Yaoundé à Kondengui sera installé au quartier 12, où il séjourne encore aujourd'hui, plus de deux mois après.Entre 2003 et 2004, Jérôme Mendouga, qui est alors ambassadeur du Cameroun aux Etats-Unis d'Amérique, joue un rôle important dans les tractations qui vont conduire à l'acquisition du Boeing 767-200 baptisé Albatros. Il serait arrivé dans le dossier à travers Jean Marie Atangana Mebara, alors secrétaire général de la présidence de la République. C'est d'ailleurs la signature de l'ambassadeur qui figure sur le contrat de leasing signé le 5 décembre 2003 avec l'Us Bank pour la partie camerounaise. Il avait notamment été chargé par Jean Marie Atangana Mebara, de suivre le dossier de l'achat d'un nouvel avion présidentiel et de négocier avec Boeing. Il devait également suivre les travaux de remise à niveau du vieux Boeing 767-200.Il a donc été tout au long du processus enclenché par Jean Marie Atangana Mebara et était d'ailleurs présent lors du premier voyage de l'avion pour le Cameroun en vue de sa livraison, en avril 2004.

Une riche carrière de diplomate...

Les Etats-Unis d'Amérique, où le fameux «Albatros» a été acquis en 2004 par le Cameroun représentent beaucoup pour Jérôme Mendouga. Il y était non seulement l'ambassadeur du Cameroun à l'époque des faits, mais, surtout, c'est dans ce pays qu'il a fait ses études universitaires.

Né le 15 août 1938 à Yaoundé, Jérôme Mendouga a fait ses études primaires et secondaires dans la capitale du Cameroun. Celles-ci, que l'ont dit brillantes, se sont soldées par l'obtention du baccalauréat, avec la mention «Bien» au collège Vogt. Il s'envolera ensuite, grâce à une bourse, pour les Etats-Unis d'Amérique. Là, il étudie à la George Washington University où il obtient une licence (B.A. Degree) en relations internationales. Jérôme Mendouga obtiendra également des diplômes en diplomatie à la American University et à la John Hopkins University.

Il va servir le Cameroun comme diplomate au Canada, en Allemagne, en Union soviétique, en Ethiopie, dans les pays du Benelux (Belgique, Pays – Bas, Luxembourg). Il sera également envoyé spécial auprès du marché commun européen à Bruxelles en Belgique.Jérôme Mendouga sera nommé ambassadeur du Cameroun au Sénégal. Il exercera ensuite la même fonction au Zaïre, au Burundi et au Rwanda. Le 23 juin 1994, il est nommé ambassadeur du Cameroun aux Etats-Unis et envoyé spécial auprès des Nations unies. Il restera à Washington D.C. jusqu'au décret présidentiel du 11 mars 2008 qui nomme un nouvel ambassadeur. Soit 14 ans !

A côté de sa carrière de diplomate, Jérôme Mendouga s'est également illustré dans les œuvres caritatives. Il a notamment été président du conseil de direction de la International Eye Foundation à Washington D.C. entre 2005 et 2006. Il s'agit d'une association spécialisée dans la prise en charge des maladies de la vue. Il était encore, pour l'exercice 2008-2009, l'un des directeurs de cette fondation.

Jérôme Mendouga est officier de l'Ordre de la Valeur au Cameroun, grand officier de l'Ordre National du Lion au Sénégal et Commandeur de l'Ordre National du Léopard en République démocratique du Congo. Il est marié et père de six enfants.

Alphonse Siyam Siwé: Emporté par le terminal à containeurs

SI LA COUR SUPREME NE CASSE PAR LA DECISION DE LA COUR D'APPEL DU LITTORAL, L'ANCIEN DG DU PAD PASSERA LE RESTANT DE SA VIE EN PRISON.

Le 11 juin 2009, la Cour d'appel du Littoral a aggravé le sort de Alphonse Siyam Siwé. En réaction à la condamnation à la peine d'emprisonnement à vie que les membres de la collégialité venaient de prononcer contre lui, un membre de la famille de l'ancien directeur général du Port autonome de Douala (Pad) a fondu en larmes, non sans affirmer, la haine

dans la gorge, que l'ancien ministre des Mines et de l'énergie a été « tué une seconde fois ». Face à une formule d'anonymes des personnes ayant chacune un intérêt pour soit pour sa condamnation, soit pour sa libération, Alphonse Siyam Siwé est resté de marbre. Tout au long du procès en appel d'ailleurs, sa mine sera restée joyeuse, comme ce fut déjà le cas en instance, par devant le Tribunal de grande instance du Wouri. Pas un signe d'énervement. Aucun regret, en filigrane dans ses faits et gestes. Déjà, quelques instants avant le prononcé du verdict de la Cour d'appel, M. Siyam communiait avec quelques journalistes. Sous le regard maternel de son épouse, il expliquait comment une succession d'éléments de non droit, lui étaient opposés, et lui avaient valu une première condamnation. Sur ces entrefaits, et après sa condamnation à la prison à vie, l'ex Dg du Pad a été conduit à la légion de gendarmerie du Littoral à Bonanjo. Dans le pick-up vert qui le transporte d'habitude, on croirait le prisonnier dans un véhicule personnel, retournant à son domicile. L'ex-ministre de l'Eau et de l'énergie, limogé du gouvernement le 24 février 2006, a été interpellé le même jour. Des sources rapportent qu'il n'avait jamais eu vent de sa descente aux enfers, même si la clameur publique le vouait aux gémonies, suite à la publication d'une tonne de littérature de presse sur sa gestion du port de Douala.
On pouvait croire que Alphonse Siyam Siwé est chez lui à la légion à Bonanjo. Dans la cellule où un climatiseur a été placé, grâce aux bons soins d'une élite politique du département du Haut-Nkam dont Siyam est originaire, il vit en isolement, en dehors de quelques visites, sous le contrôle des gendarmes commis à sa garde, des membres de sa famille. Pour exprimer son étonnement face au rouleau compresseur de la justice qui s'est abattu sur lui, l'ancien patron du Pad note que le conseil d'administration de l'entreprise qu'il a dirigé avait régulièrement donné quitus à sa gestion. Il a par ailleurs reçu des félicitations de la Banque mondiale et d'autres structures étatiques, suite à la conduite «

harmonieuse » du processus de mise en concession du Terminal à containeurs du Pad. Au tribunal, Me Ayissi Nga, pour le compte de l'ancien Dg du Pad, a entièrement démonté les arguments de l'accusation. Sans ironie, il a notamment dénoncé "le volumineux dossier constitué pour l'essentiel de photocopies", en violation du Code de procédure pénale.

Pour Me Ayissi, il y a manifestement eu dans cette affaire, une volonté de discréditer la gestion du Pad et de ses dirigeants sous l'ère Siyam Siwé. Il fallait, dit-il, trouver des preuves contre son client. On a fabriqué des preuves contre M. Siyam Siwé, soutient Me Ayissi, en étayant son propos par le fait que ni les états financiers du Pad à l'époque des faits en cause devant le Tgi, puis devant la Cour d'appel du Littoral, ni les rapports des commissaires aux comptes, n'ont été invalidés par le Contrôle supérieur de l'Etat. « Monsieur Siyam Siwé a fait son travail, rien que son travail au Port autonome de Douala », a répété le chef de file des conseils de Siyam Siwé. En plus Siyam Siwé lui-même a précisé que les seuls chiffres fiables sont ceux du Pad, à travers son conseil d'administration ; ce dernier ayant approuvé tous les états financiers. De bout en bout, l'accusation n'a pas bougé d'un cran. Alphonse Siyam Siwé et ses coaccusés sont poursuivis pour « détournements de deniers publics et complicité de détournements au préjudice du Port autonome de Douala ». Le montant cumulé du préjudice subi, s'élève à la rondelette somme de 40 milliards de francs Cfa. Le volet le plus brûlant à charge, dans ce procès, a été l'affaire dite de la modernisation du terminal à containeurs. En effet, la partie civile reprochait à l'ancien directeur général d'avoir distrait, solidairement avec François Marie Siéwé Nitcheu, la somme de 19 milliards de francs de Cfa, par des mécanismes huilés de surfacturation. Sont visés ici, les travaux de génie civil et de construction ; travaux réalisés en sous-traitance par les entreprises Razel et Asquini Encorad pour le compte de la japonaise Mitsui and Co Ltd. La partie civile argue que

Asquini et Razel n'ont touché que la somme de 12 milliards, au lieu des 20 milliards attestés par les pièces versées au dossier. Des 14 milliards payés au titre d'achat du matériel nécessaire pour les travaux, le Pad et le ministère public affirment que seuls les portiques ont été acquis, pour un coût de 5 milliards. Quid des autres sommes ? Aucune lumière n'a jailli des débats au Tgi du Wouri, et à la Cour d'appel du Littoral. On attend la procédure en cassation.

Polytechnicien sur les bancs à Montréal

Alphonse Siyam Siwé est né en août 1953 à Douala, sur les berges du Wouri, au quartier New-Bell. C'est-à-dire non loin du siège du Port autonome de Douala dont il était le directeur général au moment des faits qui lui sont reprochés. Le 24 février 2006, quelques heures seulement avant son limogeage, son interpellation puis son incarcération, il était encore ministre des Mines, dans le gouvernement de l'actuel premier ministre, Inoni Ephraïm. Cet ingénieur du génie civil formé à l'École polytechnique de Montréal était à la fois un commis de l'Etat, un homme politique, un manoeuvrier influent et intelligent. Etait-il un dauphin présidentiel ? Nul ne peut le dire. On lui attribuait tout de même une bonne amitié avec l'ancien secrétaire général de la présidence de la République, Jean-Marie Atangana Mebara. Est-ce cela son véritable crime ? Difficile aussi de répondre.Alphonse Siyam Siwé était promis à une grande carrière politique. Après avoir roulé sa bosse comme cadre, puis dirigeant d'entreprise. Avant le Port autonome de Douala dont il fut le directeur général, il a été directeur général adjoint du Labogénie, de 1981 à 1984, puis directeur général de la même entreprise de 1984 à 1990. Le 7 septembre 1990, il a été nommé par le président Biya au poste de secrétaire général adjoint de la présidence de la République. Par la suite, il a été fait secrétaire général du ministère de des Travaux publics, avant d'être, par la suite, élu comme député à l'assemblée nationale, pour le compte de la circonscription du Haut-Nkam à Bafang, en 1997, puis en 2002. Siyam Siwé a également été maire de Bafang.

Urbain Olanguena Awono : Autant en emportent sida, paludisme et tuberculose

LA JUSTICE REPROCHE A L'EX-MINISTRE DE LA SANTE PUBLIQUE SA GESTION DE L'ARGENT DES PROGRAMMES DE LUTTE CONTRE CES MALADIES.

La détention de l'ancien ministre de la Santé publique, Urbain Olanguena Awono, est plutôt discrète. Depuis qu'il a été déféré à la prison centrale de Yaoundé, le 9 avril 2008, on n'a pas beaucoup entendu parler de lui. En dehors de quelques passages au palais de justice de Yaoundé, où, d'après certaines indiscrétions, il aurait, le 14 octobre 2008, demandé une liberté provisoire auprès du juge d'instruction. On en a moins dit sur son compte que lors de la période de grandes rumeurs qui a précédé son arrestation. Plusieurs fois, on l'a annoncé arrêté. Plusieurs fois, on a dû se rendre à l'évidence que Urbain Olanguena Awono occupait encore tranquillement sa résidence du quartier Emana à Yaoundé.Sans que l'on sache trop pourquoi, ni comment, l'ex-ministre de la Santé s'était trouvé lié à deux autres anciens ministres, Polycarpe Abah Abah et Jean Marie Atangana Mebara dans l'opinion. Et l'on attendait l'arrestation de ce trio, avec une impatience qui pouvait même des fois friser l'indécence. Lorsque, ce 31 mars 2008, Urbain Olanguena Awono et certains autres cadres du secteur de la santé soupçonnés de détournement de deniers publics sont conduits à la direction de la police judiciaire au quartier Elig Essono à Yaoundé, une foule nombreuse de curieux se masse en ces lieux pour vivre en direct la déchéance tant attendue. Une note à travers laquelle il était interdit à Urbain Olanguena, tout comme à Polycarpe Abah Abah et Jean Marie Atangana, de quitter la ville de Yaoundé a circulé. Celle-ci, à côté de l'information relative au retrait des passeports de ces personnalités, a été relayée par les médias. Dès ce moment-là, et jusqu'à l'arrestation réelle d'Urbain Olanguena, il ne s'est pas passé un jour sans qu'on ne l'annonce arrêté. Ce qui fait que l'arrestation de l'ancien ministre de la Santé a été une espèce de feuilleton populaire.**Humiliation** Il n'est pas jusqu'aux médias d'Etat, d'ordinaire peu diserts sur ce type de sujets, qui ne s'en donneront à cœur joie. Urbain Olanguena Awono, excédé, s'interrogera d'ailleurs, face à un journaliste de la Cameroon Radio and Television : «Ne pensez-vous pas avoir suffisamment fait en terme d'humiliation ?» Les informations glanées pendant la détention de l'ex-ministre de la Santé publique à la Dpj font état de ce qu'il aurait très mal supporté cette situation.Surtout que cette détention s'est prolongée. Urbain Olanguena et les autres y passeront en effet plus d'une semaine dans les locaux de la police judiciaire, dans des conditions abondamment relayées dans les médias. Des matelas à même le sol, à la merci des moustiques que l'on disait nombreux en ces lieux.

C'est au quartier 11 de la prison centrale de Yaoundé, à Kondengui, que Urbain Olanguena Awono séjourne depuis le 9 avril 2008. Dans une note en date du 3 avril 2008, le vice Premier ministre, ministre de la Justice garde des sceaux parlait de la saisie de certains objets appartenant à Urbain Olanguena Awono : deux valisettes contenant des carnets d'épargne, un bon de caisse de 50 millions et un passeport diplomatique L'interpellation, en même temps que l'ex-ministre de la Santé publique, des responsables d'un certain nombre de programme de ce département ministériel (lutte contre le Sida, lutte contre le paludisme, lutte contre la tuberculose...), laissait deviner que la gestion de ces programmes était au cœur de l'enquête. D'ailleurs, une mission du Contrôle supérieur de l'Etat s'était déjà intéressée

à ces programmes. On reprochait à leurs gestionnaires des malversations financières évaluées à 14 806 850 926 Fcfa.
Le rapport de la mission du conseil supérieur de l'Etat imputait à Urbain Olanguena des irrégularités d'un montant 8,295 milliards de Fcfa. Il était notamment question de 540 millions de Fcfa affectés de manière injustifiée à la lutte contre le Sida, ainsi que 260 millions de dépenses sans pièces justificatives et 188 millions de marchés non exécutés. Il était reproché à l'ex-ministre de la Santé, toujours d'après ce rapport, d'avoir utilisé 11,7 millions de Fcfa pour des dépenses personnelles. Celles-ci concernant notamment la production d'un livre. Enfin, en coaction avec le secrétaire permanent du comité de lutte contre le sida, Urbain Olanguena Awono était accusé d'avoir livré, sans preuve, des médicaments d'une valeur de 7,29 millions de médicaments à la Cename.

Un parcours de premier...

Dans quelques jours, plus précisément le 16 juillet prochain, Urbain Olanguena Awono aura 54 ans. 54 ans qu'il a vu le jour à Polo, village situé tout près de Sa'a, dans le département de la Lekié, région du Centre. Et c'est non loin de son village natal, à l'école de la mission catholique St-Mathieu de Nkolmebanga, que le jeune Olanguena Awono entreprend ses études. Celles-ci iront de 1961 à 1968, date à laquelle il entre au Ces de Saa. Il y obtient le Brevet d'études du premier cycle (Bepc) et rejoint, en 1972, le lycée général Leclerc de Yaoundé.En 1975, Olanguena Awono entre à l'université de Yaoundé. Il obtient une licence, puis une maîtrise à la Faculté de droit et de sciences économiques. Entre 1979 et 1982, il suit le cycle de doctorat dans la même université. Entre-temps, Urbain Olanguena Awono rejoint, en 1980, l'Ecole nationale d'administration et de magistrature. Il en sort administrateur civil en 1982. Il est également titulaire d'un doctorat de 3e cycle en droit économique et des affaires, avec mention "très bien", plus les félicitations du jury.Avant d'engager la carrière administrative qu'on lui connaît, Urbain Olanguena Awono mettre ses connaissances au profit des étudiants. Il est notamment assistant associé à la Faculté de Droit et Sciences Economiques de l'Université de Yaoundé, entre 1980 et 1984. Entre 1984 et 1988, il est chargé de cours associé à la même faculté, puis chargé de cours vacataire à l'Ecole Nationale Supérieure de Police et conférencier à l'Enam.Il entre à la Fonction public en 1982 comme contrôleur d'Etat. En 1987, il devient inspecteur d'Etat, puis inspecteur général n°2 au ministère du Développement industriel et commercial en 1988. En 1990, il devient secrétaire d'Etat aux Finances. Après un passage à vide, il revient au gouvernement en 2001 comme ministre de la Santé publique. Il y restera jusqu'en 2007.

Jean Marie Atangana Mebara : Près du Capitole, la roche tarpéienne

L'ANCIEN SGPR POURSUIVI POUR TENTATIVE DE DETOURNEMENT ET DETOURNEMENT D'UNE PARTIE DES FONDS ALLOUES A L'ACQUISITION D'UN AVION PRESIDENTIEL

Ce 14 juillet 2008 est jour de fête à l'ambassade de France à Yaoundé. L'ancien Sgpr, qui sait mieux que tout autre combien un rien peut irriter Paul Biya, a sollicité l'avis de Laurent Esso, son successeur à Etoudi, avant de se rendre à l'invitation de Georges Serre. Privé de passeport depuis mars et auditionné à la Direction de la police judiciaire dans le cadre de l'affaire Apm, Jean Marie Atangana Mebara se sait épié. Sous ses airs détendus, il laisse percer une certaine amertume. Un convive, membre de la Conac, vient à passer : «Alors, c'est vous qui voulez qu'on m'interpelle », lui lance l'ancien ministre sur un ton faussement blagueur. La plupart des hôtes de la France partis, il traîne, traîne, traîne. Les services de renseignement rapportent à Paul Biya sa longue conversation avec Georges Serre. De quoi ont-ils parlé? Peu de jours après, le 30 juillet, l'ambassadeur est reçu en audience au Palais de l'Unité. Evoque t-il le cas Mebara? Une source crédible en est convaincue. Le lendemain de cette audience, Etoudi donne des instructions au directeur de la police judiciaire. Jean Marie Atangana Mebara est interpellé le 1er août 2008. Cinq jours plus tard, les cinq charges retenues contre lui se précisent. Le 6 août, le juge Pascal Magnaguemabe l'inculpe pour des faits de détournement et de tentative de détournements de sommes cumulées à plus de 20 milliards de Fcfa. Une affaire complexe qui mêlent les éléments des dossiers Apm (auditeur de la Camair), Gia (loueur d'avion à la Camair) et Albatros (avion présidentiel). Le mis en cause est poursuivi pour ses relations avec Aircraft portfolio management (et sa sœur jumelle Assets portfolio Managment), recrutée par le gouvernement le 29 janvier 2003, contre l'avis de Yves Michel Fotso, pour «mettre en exergue les dysfonctionnements résultant de la gestion des différents contrats leasing des avions Camair». Par la suite, Apm est sorti de son mandat initial d'auditeur, et s'est vu autorisé, par le gouvernement, à payer certains fournisseurs et intervenir auprès de Gia pour réclamer de l'argent versé à Boeing via la Camair pour l'acquisition d'un avion présidentiel, mettant ainsi entre parenthèses les instances de gestion de la Camair. Le nom de Hubert Patrck Otele Essomba, Directeur général adjoint de Aircraft Portfolio management (Apm) et directeur général de Assets portfolio management (Apm) revient également dans l'affaire de l'acquisition d'un avion présidentiel. Septembre 2002, Paul Biya reçoit la fiche technique, les plans et photos d'un Boeing Business Jet que le Cameroun se proposait d'acheter à la firme Boeing. Ledit appareil coûte 52 milliards de Fcfa. Un chèque de 24 milliards de Fcfa est tiré au bénéfice de la firme Boeing. L'argent est versé via un mécanisme compliqué : la Snh accorde une avance au Trésor public, qui effectue le virement dans les comptes de Gia, qui, à son tour, transfère l'argent dans les comptes de Boeing. Pour contourner le Fmi, opposé à l'idée d'acheter un avion pour les besoins de déplacement du chef de l'Etat, le subterfuge consiste à présenter l'avion comme une acquisition de la Camair et à l'immatriculer au nom de l'Etat Que s'est-il passé pour que ce Bbj, prêt dès octobre 2002, ne soit finalement pas livré à l'Etat du Cameroun? Pour les proches de Jean Marie Atangana Mebara, le ministre des Finances de l'époque, Michel Meva'a Meboutou, n'avait cessé d'insister sur l'opposition des institutions de Bretton-Woods, très remontées contre ce projet. L'entêtement du Cameroun, expliquait-il, met en péril les négociations en vue de l'atteinte du point d'achèvement. En avril 2003, le chef de l'Etat donne donc instruction de maintenir le principe de l'acquisition d'un avion neuf auprès de Boeing, pour l'après point d'achèvement, mais, entre temps, il faut examiner la possibilité, avec Boeing, de louer un appareil « pour un ou deux ans », c'est-à-dire, la période restante pour l'atteinte du point d'achèvement et le temps nécessaire pour la construction et l'aménagement d'un nouvel avion. Ainsi commence la phase d'acquisition de l'Albatros proprement dite. A la demande du Sgpr, l'ambassadeur Jérôme Mendouga se rend à Seattle, le siège de Boeing, en juin 2003, pour solliciter des propositions d'avions susceptibles d'être loués. Pour la mission, le Jean Marie Atangana Mebara fait virer 720 millions par l'Etat du Cameroun à son ambassade à Washington. «Somme d'argent dont aucun justificatif d'utilisation n'est produit » estime le juge Pascal Magnaguemabe. Dans le même temps, il faut aussi récupérer tout ou partie de l'acompte de 24 milliards versé à Boeing, via Gia. C'est ici que Hubert Patrick Otele Essomba de Apm intervient à nouveau. Il aurait reçu mandat, du Sgpr, de recouvrer cette somme, en dépit du contrat conclu entre Camair et Gia. Une décision qui, de l'avis du juge, est frauduleuse, et obéit «à des fins inavouées».

Brûlé par le pouvoir...

22 septembre 2006-7 septembre 2007. Sous l'ère Biya, Jean Marie Atangana Mebara a passé l'un des séjours les plus bref de au ministère des Relations extérieures. Fin de parcours ministériel pour ce spécialiste de management public, entré au gouvernement en 1997, d'abord au ministère de l'Enseignement supérieur (1997-2002) et au secrétariat général de la présidence de la République (2002-2007). En l'affectant aux Relations extérieures, Paul Biya donne l'impression de garder sa confiance, cet homme jadis puissant, au point d'imprimer sa marque à tout un gouvernement, celui de 2004. Au point de placer ses hommes à la tête de la quasi-totalité des société d'Etat.
Le secrétariat général de la présidence de la République est-il, à la fin, un poste maudit? Avant Jean Marie Atangana Mebara, Joseph Owona, «vice-président» aux heures chaudes du multipartisme naissant, se vit écarter sans ménagement. A force de rogner le pouvoir présidentiel, Titus Edzoa, à la fois homme de confiance, gourou et médecin personnel de Paul Biya, a été éjecté du Palais de l'unité, sans façon en 1997, poussé à la démission, puis embastillé depuis 12 ans. Pour n'avoir pas su ronger son frein, Edouard Akame Mfoumou, ancien baron du gouvernement, partage aujourd'hui son temps entre une villa désormais sans courtisans à Yaoundé et ses plantations de Ndonko, dans la région du Sud. Ces trois anciens secrétaires généraux de la présidence de la République ont un point commun: ils se sont crus un destin présidentiel. Jean Marie Atangana Mebara aussi. Il aura été écarté de ce poste stratégique lors du remaniement ministériel du 22 septembre 2006 en raison de ses élans bonapartistes. A tort ou à raison, une partie de l'opinion lui attribue la paternité du G11, une nébuleuse à laquelle l'on

prête l'ambition de prendre le pouvoir au terme du dernier mandat de Paul Biya en 2011.

Polycarpe Abah Abah : Les ors, le palais et le grand argentier

L'INFORMATION JUDICIAIRE SUIT SON COURS DANS LE CADRE DE L'AFFAIRE DE LA GESTION DES FRAIS DE TVA COLLECTES DE 2000 A 2004 PAR LA DIRECTION DES IMPOTS POUR LE COMPTE DU CREDIT FONCIER DU CAMEROUN.

Quinze mois déjà que l'ancien ministre de l'Economie et des Finances fait l'aller-retour entre le quartier 12 de la prison de Kondengui, à Yaoundé, et le bureau du juge Batoum, magistrat au Tgi du Mfoundi-Centre administratif, chargé de l'instruction de l'affaire de la gestion des frais de Tva collectés pour le compte du Crédit foncier du Cameroun par Direction des Impôts, du temps où Polycarpe Abah Abah y trônait. Pour mémoire, en vertu d'un protocole d'accord signé le 15 septembre 2000 entre ces deux administrations, les coûts administratifs générés par les opérations de recouvrement de la contribution au Crédit foncier devaient être supportés par la banque. Celle-ci s'engageait à supporter ces frais en versant à la Direction des impôts «une quote-part de 6% des sommes effectivement collectées et mises à la disposition du Crédit foncier». L'ex-ministre est soupçonné de malversation dans la gestion de ces frais d'assiette et de recouvrement, logés dans le compte N° 01510800139 au Crédit foncier. Un compte qui a accueilli des centaines de millions dès son ouverture. A titre d'illustration, un pointage effectué entre novembre 2000 et mai 2004 fait ressortir des retraits de l'ordre de 1.268.351.000. Une partie de cet argent aurait pris une destination contraire à son affectation de départ. Notamment le paiement de certains prestataires dont la Sopecam, Air-France, Cami-Toyota et la Socada, pour des services n'ayant rien à voir avec l'imputation. Autre fait reproché à Polycarpe Abah Abah, la distraction d'une partie des fonds collectés au nom du Cfc. Les experts commis par la justice ne se mettent pas d'accord sur le total des sommes collectées qui ne seraient pas arrivées à bon port. M. Nzié Nzié, le premier expert commis par la justice, aurait établi le trou à près de 6 milliards de Fcfa, sans toutefois établir la responsabilité personnelle de Abah Abah qui, de son côté affirmerait que, durant la période couverte par l'expertise, la Direction des Impots a crédité un compte du Cfc à la Bicec d'un montant équivalent. De la seconde expertise, menée par Bayoyi, il ressortirait que c'est plutôt le Cfc qui doit de l'argent à la Direction de Impôts. «Aucun de ces experts n'a imputé ni établi un modus operandi de détournement. Aucun n'a établi l'effectivité de la dissipation de l'argent, personne n'a établi que Abab Abah a touché cet argent », commente un parent de l'ex ministre, qui dit attendre impatiemment les résultats de la troisième expertise, que mène un collège d'experts conduit par Didier Parfait Onana. Paradoxalement, c'est par les médias, qu'il arrose pourtant de publicité comme jamais aucun ministre auparavant, que les malheurs de l'ex grand argentier commencent. Le 09 février 2006, Le Front publie "en exclusivité" le "hit parade des fonctionnaires milliardaires". Aussitôt parue, la fameuse liste est reprise comme un talmud par une partie de la presse. Auparavant et au fil des éditions, la presse lui avait bâti progressivement une image de délinquant économique. La condamnation de son épouse à une peine pécuniaire dans le cadre de l'affaire Mounchipou contribue à amplifier la rumeur. Tout comme une vraie fausse affaire de faux timbres fiscaux, et une autre de confusion de chéquier qui a révélé le contenu gargantuesque d'un de ses comptes bancaires. Des procès intentés et gagnés contre la presse n'y font rien. Surtout que des chancelleries occidentales, ainsi que Paul Biya lui-même, en rajoutent une couche. Début mars 2006 en effet, alors que l'opération Epervier est lancée, le chef de l'Etat lui interdit de quitter le pays pour une mission à l'étranger. Les observateurs avertis préssentent de la fin de la messe. Mais Paul Biya le seul à actionner la machine judiciaire, n'a pas encore décidé de l'offrir en holocauste à l'opinion qui semble ne pas croire à sa campagne dite de lutte contre la corruption. Enfin exclu du paradis ministériel le 7 septembre 2007, Abah Abah s'est-il laissé séduire par des idées schismatiques? Certains, dans le camp du Renouveau le pensent. Les services de renseignement disent avoir aperçu son ombre derrière et les émeutes de février dernier. Info ou intox? Peu importe à Paul Biya qui semble enfin tenir là, la preuve que les milliards de Fcfa attribués à Abah Abah sont destinés à lui arracher le pouvoir. La fièvre des émeutes de février n'est pas tombée que le rouleau compresseur se déroule, selon un enchaînement implacable:18 mars 2008 : le Dgsn ordonne au commissaire divisionnaire Jacques Dili, directeur adjoint de la police de frontières, de procéder au retrait des passeports ordinaire et diplomatique de Abah Abah et de lui notifier l'interdiction de sortir de Yaoundé sans l'autorisation du Dgsn20 mars 2008: en raison des informations persistance faisant état de ce que Abah Abah s'apprête à fuir le pays, le gouverneur du Centre, Koumpa Issa instruit le commandant de légion de gendarmerie, le délégué provincial de la sûreté nationale et le préfet de Mfoundi de renforcer les contrôles dans les onze entrées et sorties de Yaoundé 24 mars 2008: le préfet Joseph Beti Assomo, s'adressant à tous les commissaires centraux de Yaoundé et au chef d'antenne de la surveillance du territoire, demande de veiller à ce que les trois membres du gouvernement concernés soient suivis dans leurs mouvements, et surtout qu'il ne sortent pas de Yaoundé, sans l'autorisation du Dgsn31 mars 2008 : à 6h20, la grille de l'imposante villa d'Odza, au lieu dit Koweit-city, dans la banlieue de Yaoundé, s'ouvre sur un officier du Gso. Il ressort 35 minutes plus tard aux côtés de Polycarpe Abah

Abah, qui tient le volant d'une Peugeot 305 de couleur grise. Quinze mois déjà

Dieu, après Mamon

L'argent n'achète pas le salut. C'est la conclusion à laquelle convie la trajectoire de l'ex ministre de l'Economie et des finances, interné à la prison de Kondengui, converti à l'enseignement du catéchisme, après un séjour à la faculté de théologie de l'université protestant d'Afrique centrale à Yaoundé dès sa sortie du gouvernement. Diplômé de l'Ecole nationale de l'administration et de la magistrature à la fin des années 70, il se retrouve très rapidement dans les allées du pouvoir. D'abord comme conseiller technique à la primature, dans les années 90, puis comme chargé de mission à la présidence de la République. Inspecteur des impôts, il préside une commission des réformes fiscales instituée par les pouvoirs publics. Il propose notamment le passage de la taxe sur le chiffre d'affaire à la taxe pour la valeur ajoutée. Proposition qui, visiblement, séduit Edouard Akame Mfoumou, le ministre d'Etat en charge de l'Economie et des Finances. Il le fait nommer à la direction des impôts en 1999. A ce poste, il s'entoure d'une équipe de jeunes inspecteurs volontaires : Ngamo Hamani, Alfred Bagueka Assobo et Charles Tawamba, entre autres... Il aura été le directeur qui a entrepris de rembourser des crédits Tva aux sociétés. Ses libéralités lui assurèrent une grande popularité auprès du personnel des Impôts, plus motivé, doté de moyens importants. Cette direction se transforme en mamelle nourricière de l'Etat, ravissant à la douane la première place en terme de contribution au budget de l'Etat. Promu ministre de l'Economie et des Finances en 2004, il conduit à terme les négociations en vue de l'atteinte du point d'achèvement de l'initiative Ppte. Envers du décor, on retiendra que son règne fut caractérisé par un élargissement de l'assiette fiscale, étendue jusqu'aux «débrouillards» et une accentuation de la pression fiscale. C'était une exigence du Fmi et de la Bm. Quelques magnats des affaires se virent contraints de fermer boutique, ou de délocaliser à l'étranger, pour bénéficier d'un environnement plus bienveillant. Après tant d'années consacrées au service de l'administration des finances, il envisage, à 53 ans, de consacrer sa vie à Dieu. Qui a dit que Dieu et Mamon étaient inconciliables?

Une vie desormais derriere les barreaux. Ambiance au quotidien

Certains journalistes ont réussir la témerité de rapporter le quotidien de notre élite dans les cachots camerounais.

Le quotidien des VIP incarcérés dans le cadre de l'Opération Epervier. Ils sont une centaine à occuper la « spéciale 18 » de la célèbre prison de Douala. Victimes de la campagne de lutte contre les détournements de deniers publics. Leur traitement fait des envieux. La liste des personnes écrouées à la prison centrale de New bell s'allonge au fil des jours. Hommes, femmes, enfants, ils sont des milliers à se côtoyer au quotidien dans cet édifice bâti dans les années 1930, à quelques encablures du fameux marché central de Douala.
Aménagé pourtant pour accueillir près de 700 détenus, ce pénitencier en accueille aujourd'hui près de 3500 personnes, selon les estimations des Ong. C'est donc dans cette promiscuité, où règne une forte odeur de crasse due aux conditions d'hygiène approximatives et un raffut assourdissant que directeurs généraux, cadres d'entreprise, agents de l'Etat, embastillés dans le cadre de la vaste campagne de lutte contre les détournements de deniers publics lancée en 2006, affrontent au quotidien de nombreux rébus de la société. Pour leur éviter des surprises désagréables, une cellule a été spécialement aménagée par les pouvoirs publics.

La spéciale 18 »

Ce quartier, de son nom de baptême « la spéciale18 » fait des envieux à la prison centrale de New bell. Ici, on retrouve des personnalités qui occupaient il y a quelques années encore, de hautes fonctions au sein de l'appareil étatique ; du moins, à quelques exceptions près. Il s'agit entre autres du colonel Édouard Etonde Ekotto, 71 ans, ancien délégué du gouvernement auprès de la Communauté urbaine de Douala et ancien président du conseil d'administration du Port autonome de Douala (Pad); Simon Pierre Ewodo Noah, ancien directeur général adjoint du Pad; Siewe Nitcheu, ancien directeur des infrastructures du Pad; François-Martin Zibi, ancien directeur financier du Pad; Zacchaeus Forjindam, directeur général des
Chantiers navals et industriels du Cameroun (Cnic); Jean Baptiste Nguini Effa, ex dg de la Scdp, le Dr Mbangue Roudolph, ancien coordonnateur du groupe technique provincial de lutte contre le sida; Jean-Louis Edou Alo'o, ancien trésorier payeur général de Douala et tout récemment sept ex agents et ex cadres de la Communauté urbaine de Douala, soupçonnés d'avoir détourné près de 3 milliards de Fcfa par Fritz Ntone Ntone. A ces personnalités, il faut également ajouter les noms des grosses « têtes » comme Lapiro de Mbanga, musicien engagé et Paul Eric Kingue, ancien maire de Njombe-Penja.

Décor

Selon des informations recueillies auprès de quelques détenus, ils sont aujourd'hui près de 90 à partager cet espace pourtant prévu pour moins d'une dizaine. Malgré, l'exiguïté des cellules
(1,70 m de large), les détenus sont obligés de faire avec. Mais passé ce désagrément, les détenus Vip non pas trop à se plaindre, avoue un gardien de prison. Toutes les dispositions

semblent avoir été prises pour leur éviter la violence de la foule. « Dans la plupart du temps, ils se font accompagner de quelques gros bras choisis parmi les prisonniers lorsqu' ils sont sollicités par certains de leurs proches. L'entrée de leur quartier est fortement gardée par ces mêmes détenus.
A l'intérieur, se trouvent des 'cadets', ces jeunes prisonniers triés sur le volet par le« Premier ministre », pour être à la disposition de leurs nouveaux maîtres. » Nous avoue notre source. Il s'agit des jeunes qui sont-là comme homme à tout faire : cuisine, vaisselle, lessive, petites commissions.... Parce que les prisonniers Vip préfèrent passer l'essentiel de leur temps dans leur quartier. Ces travaux, « les obligés » les réalisent à cœur joie, surtout qu'ils en tirent une grande satisfaction, pécuniaire bien sûr.

Le quotidien

A l'image des prisonniers de Kondengui à Yaoundé, les pensionnaires de New bell s'adonnent également au sport dans la grande cour tôt dans la matinée. L'activité sourit d'ailleurs à certains. Jean-Baptiste Nguini Effa, n'a rien perdu de son embonpoint. Vertu d'une culotte, d'un polo de couleur blanche, chaussé de tennis, les cheveux couverts d'un chapeau de même couleur. Au moment de notre descente, l'ancien directeur général de la Société camerounaise des dépôts pétroliers, est resté égal à lui même. Debout devant sa chère épouse, l'honorable Nguini, les mains dans les poches, visiblement confiant, il fait bonne figure. « C'est d'ailleurs la seule chose à faire, si on veut s'en sortir sans grand problème. Le secret, c'est de rester digne», confesse un détenu.
Non loin de là, se trouve Lapiro de Mbanga, avec à ses côtés Paul Eric Kingue. Les deux détenus échangent paisiblement avec leurs connaissances loin du brouhaha des autres prisonniers qui ont déjà envahi la grande cour, « le carrefour Ndokoti » comme on l'appelle, à la quête d'un geste de

sollicitude des visiteurs. Il est à peine 16 heures ce mardi, l'affluence n'est pas celle des grands jours, parce que ce n'est pas un jour de visite ordinaire, quand débouche le colonel Etonde, prenant appui sur ses deux béquilles. Il se déplace ainsi depuis qu'une mystérieuse maladie infectieuse a failli l'emporter. L'ancien Saint-cyrien, tout sourire et un peu plus joufflu depuis qu'il ne fait plus de sport, est venu à la rencontre d'une parente. En l'espace de trente minutes, plusieurs de ces détenus vont défiler au parloir, des bureaux climatisés de certains responsables sont gracieusement mis à leur disposition à cet effet. N'allez pas surtout demander les clauses des arrangements entre ces deux catégories de personnes. Toujours est-il que beaucoup d'argent circule de ce côté. C'est d'ailleurs la même logique qui sous tend la vie dans leur quartier. Par exemple, cette période de forte chaleur, n'a aucune incidence sur eux. Dans la mesure où leurs locaux sont entièrement climatisés. Même côté nutrition, ils disposent d'un congélateur pour garder au frais certains de leurs denrées alimentaires, ainsi que de l'eau apportée par quelques uns de leurs proches.

La foi est également au rendez-vous. Certains détenus célèbres comme Edou Alo'o, à en croire nos sources, organisent de temps à autres des messes pour les autres détenus. Des séances d'ailleurs très prisées selon les mêmes sources. Surtout qu'à la fin de chaque culte, quelques actions de grâce sont menées à l'endroit des plus nécessiteux. C'est aussi ça être à l'écoute des autres.

Quoi qu'il en soit, la vie au quartier 18 de la prison centrale de New bell n'est pas celle à laquelle ces Vip étaient habitués. Mais pour les autres prisonniers, c'est une véritable mine d'or, un vrai palace.

Cameroun: Pourquoi Paul Biya a-t-il peur d'être poursuivi ?

L'opération épervier dont le but est de traquer tous les fonctionnaires en col blanc devrait se conclure par la mise en accusation du gros morceau. Cette grosse prise pourrait donc être le président camerounais dans la mesure où il ne peut plaider l'innocent. Il est aussi bel et bien "éperviables" au même titre que tous ses ministres et autres barons du RDPC qu'il a nommé en toute conscience et qui se retrouvent aujourd'hui à Kondengui pour détournement de deniers publicsDéjà en 1992, Robert Messi Messi, ancien directeur de la société camerounais de banque, SCB, première grosse faillite de l'ère Biya, sonnait l'alarme en accusant, preuves à l'appui dans JAE (151, janvier 1992), le président camerounais Paul Biya et son épouse d'alors Irène Biya de détournement de fonds publics et de dépôt illégal dans un compte à l'étranger.
Messi Messi avait-il vu juste?
Aujourd'hui M. Biya fait fasse à une pression de plus en plus grandissante pour la déclaration de ses biens depuis que le CCFD a estimé à 70 millions d'euros (soit environ 46 milliards de francs Cfa) «la fortune du Président Camerounais, et s'interroge sur ses nombreuses acquisitions, ...notamment la Villa Isis sur la Côte d'Azur, qui appartiendrait à son fils, Franck Biya ou encore le financement occulte des sectes ésotériques ».
Et comme dans ses habitudes, M. Biya ne dit mot. Pourtant, en dévoilant ses avoirs comme le stipule la loi fondamentale de notre pays, le président participera ainsi à un exercice de transparence financière dans la vie publique qu'il a lui-même énoncé dans un projet de loi et enchâssé dans notre constitution depuis 1996. Treize ans plus tard, aucun membre de ses multiples gouvernements n'a rendu public ses avoirs au moment de sa prise de fonction ou au moment de quitter le gouvernement.

Pourtant, la Constitution du Cameroun de 1996, en son article 66, est assez claire : « Le Président de la République, le Premier Ministre, les membres du Gouvernement et assimilés, le Président et les membres du Bureau du Sénat, les députés, les sénateurs tout détenteur d'un mandat électif, les Secrétaires Généraux des Ministères et assimilés, les Directeurs des Administrations centrales, les Directeurs Généraux des Entreprises publiques et parapubliques, les magistrats, les personnels des administrations chargées de l'assiette, du recouvrement et du maniement des recettes publiques, tout gestionnaire de crédits et des biens publics, doivent faire une déclaration de leur biens et avoirs au début et à la fin de leur mandat ou de leur fonction. Une loi détermine les autres catégories de personnes assujetties aux dispositions du présent article et en précise les modalités d'application». Source : Services du Premier Ministre

Tous bafouent la constitution du Cameroun

Ainsi, compte tenu du fait que nul ne peut être au dessus de la loi fondamentale, on peut constater que la constitution serait bafouée non seulement par le président mais également par tous ceux qu'il a consciemment nommé et qui ont par la suite vidé les caisses de l'État camerounais, il apparaît donc juste aujourd'hui que tôt ou tard Paul Barthélemy Biya devra s'expliquer devant la justice de notre pays.Et pour éviter cette justice, il a, par la voix des débutés RDPC, majoritaire à l'Assemblée nationale camerounaise, bétonné la nouvelle Constitution dans son article 53 (nouveau)de telle sorte que pour qu'il soit mis en accusation il faudrait un "cas de haute trahison". Et si jamais il y a haute trahison, pour que le chef de l'état soit entendu, il faut "un vote identique au scrutin public" de l'assemblée nationale et du Sénat, et une "majorité des quatre cinquièmes". On ne peut pas mieux se protéger. Mais contre qui et de quoi exactement peut-il avoir si peur s'il ne se reproche rien?

Dans tous les cas, ce que M. Biya oublie, c'est qu'il a gouverné le Cameroun en 1994 avec moins de 35% de votes

populaires. Élection présidentielle qu'il aurait volée à un candidat de l'opposition. Qui plus est, l'Assemblée nationale en adoptant ce projet de Loi controversé sans débat, et en un temps record, avait démontré que tout chef d'État Camerounais peut d'un seul coup de tête, et pour ses besoins personnels, décidé de modifier la Constitution Camerounaise pour l'adapter à "sa" réalité circonstancielle.
D'ailleurs M. Biya a reconnu cette possibilité dans son discours de janvier 2008. Ce qui en terme clair veut dire tout simplement qu'au lendemain de son départ du pouvoir, pour constater l'avancement de l'état de notre pays, il sera légitime pour le nouveau président et homme fort d'Étoudi, de demander et d'obtenir une mise à jour de la Constitution afin que M. Biya réponde de ses actes devant la justice Camerounaise.Quelle place occupera le président Biya dans l'histoire

En introduisant un amendement à l'article 53 de la constitution, on peut croire que M. Biya a peur d'une poursuite. Poursuite dont il ne pourrait échapper. Il est aussi bel et bien "éperviable" au même titre que tous les fonctionnaires qui méditent leur sort actuellement à Kondengui. On peut aussi se demander si le fantôme d'Ahmadou Ahidjo ne hante pas notre président. Et on peut se demander si M. Biya n'a pas peur de vivre la même humiliation qu'il réserva à son prédécesseur quelques mois seulement après son départ du pouvoir? Comme le temps passe Vite! Qui de Paul Biya ou d'Ahmadou Ahidjo aura le premier monument d'ancien chef d'État au Cameroun?

En tout cas, il reviendra donc à la justice camerounaise de décider de la place que Paul Barthélemy Biya occupera dans l'histoire de notre cher pays. On connaît le sort qui fût réservé au prédécesseur de M. Biya

ND - #0155 - 080726 - C0 - 216/138/9 - PB - 9781844269198 - Gloss Lamination